TRASTORNO LÍMITE DE LA PERSONALIDAD
TRATAMIENTO BASADO EN EVIDENCIAS

TRASTORNO LÍMITE DE LA PERSONALIDAD TRATAMIENTO BASADO EN EVIDENCIAS

DAVID LÓPEZ GARZA
PABLO CUEVAS CORONA

Con la colaboración de:
JOSEFINA MENDOZA RÍOS
SOCORRO RAMONET RASCÓN
LAURA ELLIOT RUBINSTEIN

Primera edición   2007

©ARCHITECTHUM PLUS S.C.
Díaz de León 122-2 Aguascalientes, Aguascalientes,
México CP 20000
libros@architecthum.edu.mx

Diseño de portada: Federico Martínez

ISBN 978-968-9470-05-2

*Al doctor Jorge Cassab Martínez (1971-2007),
miembro de nuestro grupo de investigación,
porque a su temprana edad ya mostraba
todas las características de un investigador nato
en psicoanálisis y psiquiatría.*

La enfermedad debe ser tratada con los recursos comprobados con el método científico, pero el padecimiento de la persona sólo se alivia con la escucha respetuosa, la comprensión y la actitud humana del médico.

Ruy Pérez Tamayo

PRÓLOGO

El libro "Trastorno límite de la personalidad. Tratamiento basado en evidencias" no es sólo una obra, es una biblioteca. En ella se encuentran los estudios empíricos que demuestran la utilidad del tratamiento para los pacientes con trastorno límite de personalidad. La psicoterapia focalizada en la transferencia, la terapia dialéctica conductual y la psicoterapia basada en la mentalización son las tres formas de psicoterapia sometidas a prueba que han salido exitosas de este reto.

Los autores exponen de manera clara y fluida las características principales, los aspectos técnicos, la utilidad que han demostrado y sobre todo los efectos que tiene cada una de ellas en el espectro del trastorno límite de personalidad. Demuestran la utilidad de cada una de las psicoterapias "empíricamente" sustentadas, aumentando nuestra confianza en la "curación a través de la palabra".

La obra empieza con la definición clínica del trastorno límite de personalidad utilizando como base la propuesta de la Asociación Psiquiátrica Americana, para guiarnos posteriormente a través de las propuestas de los principales representantes de estas tres formas de psicoterapia (Kernberg, Fonagy y Linehan) y a la vez describir la importancia de los factores genéticos y psicosociales participantes en su génesis.

La conjugación de una formación médica, psiquiátrica y psicoanalítica estricta, la experiencia en el campo del psicoanálisis y la psicoterapia y la sed de conocimiento de los autores –bajo la guía de los autores principales, los doctores David Nelson López Garza y Pablo Cuevas Corona– es garantía de que esta obra tiene ya su lugar dentro de los textos para la formación de psiquiatras, psicólogos, psicoterapeutas y todos aquellos que sientan interés en el campo de la psicoterapia y la salud mental en general.

Dr. Enrique Chávez León
Profesor de Psiquiatría de tiempo completo
Escuela de Psicología,
Universidad Anáhuac del Norte, México

Ciudad de México, diciembre de 2007

1. INTRODUCCIÓN

El Trastorno Límite de la Personalidad[1] (TLP) afecta sólo al 0.7% de la población, pero por su gravedad es de los trastornos mentales más frecuentes en los centros de atención clínica y de los que ocasionan mayores gastos en salud. Su tratamiento es difícil y puede provocar gran desgaste en los equipos de tratamiento. El TLP se diagnostica en el 10% de los pacientes psiquiátricos ambulatorios, el 49% de los hospitalizados y hasta en el 70% de pacientes con adicciones y bulimia. Lo padecen las mujeres en el 75 al 90% de los casos[2], el 10% mueren por suicidio y el 75% intentan suicidarse y se cortan la piel en forma repetida en sus períodos de crisis.

Su cuadro clínico se caracteriza por inestabilidad en las relaciones interpersonales, la autoimagen y las emociones, junto con una gran impulsividad, que aparecen en la siguiente secuencia, claramente observable desde la pubertad:

1) idealización con amor incondicional de sus parejas románticas,
2) temores constantes al abandono,
3) esfuerzos frenéticos para evitar el abandono real o imaginado (súplicas, reproches, insultos, amenazas e intentos suicidas, cortes en la piel);
4) devaluación catastrófica de las figuras previamente idealizadas, ahora vistos como victimarios odiados,
5) sentimientos de vacío y aburrimiento,
6) restauración de las relaciones idealizadas o encuentro de una nueva persona a quien idealizar.

Es común que el TLP se asocie con depresión mayor, trastorno bipolar, trastornos de ansiedad, adicciones al alcohol

---

[1] Los términos de trastorno límite, limítrofe, fronterizo y borderline de la personalidad, son sinónimos.
[2] Por esta razón nos referiremos a lo largo del texto a las pacientes y no a los pacientes.

y drogas y bulimia. En todos los casos existe un gran deterioro en las áreas escolar, laboral, familiar y social.

En las familias de las personas con TLP los padres padecen alcoholismo, adicciones y depresión mayor y es frecuente que existan separaciones o pérdida parental por divorcio, enfermedad ó muerte. Las madres son conflictivas o sobreprotectoras y los padres se mantienen distantes. Las pacientes reportan maltrato severo y prolongado en la niñez y adolescencia en forma de abuso sexual, abuso físico y omisión de cuidados. Con cualquiera de las causas, las consecuencias son trastornos de conducta, de ansiedad y depresivos desde la niñez, que pueden detectarse y tratarse para prevenir el trastorno.

El tratamiento del trastorno límite y de sus comorbilidades se hace con psicoterapia en combinación con psicofármacos y terapias auxiliares. Si está bien conducido, en 3 a 6 meses es posible lograr remisiones significativas de sus manifestaciones y mejorar la adaptación psicosocial de estas pacientes. En la mayoría de los centros de tratamiento la deserción es cercana al 60%, en buena parte por desconocimiento de su historia natural y de los tratamientos eficaces.

Las razones anteriores obligan a que el tratamiento y la prevención del trastorno límite se hagan de acuerdo a la Medicina Basada en Evidencias, que consiste en el uso sensato, explícito y concienzudo de la mejor evidencia disponible, para tomar decisiones acerca de la atención de las pacientes mediante la integración de la pericia clínica y la información obtenida por la investigación sistemática. Siguiendo estas recomendaciones, para la preparación de este texto hemos buscado los estudios realizados por medio de ensayos clínicos controlados, estudios de cohortes y revisiones acerca de los diversos aspectos del trastorno.

De los tratamientos para el trastorno límite, los que han mostrado eficacia en estudios clínicos controlados son la Terapia Dialéctico Conductual (TDC) de Linehan, la Psicoterapia Focalizada en la Transferencia (PFT) de Clarkin, Yeomans y Kernberg y la Psicoterapia Basada en la Mentalización (PBM) de Bateman y Fonagy. Y de los medicamentos, la fluoxetina, el valproato, la olanzapina, el topiramato, el aripiprazol, la lamotrigina y el ácido graso omega. Esas tres psicoterapias han sido manualizadas e investigadas en los sitios donde fueron desarrolladas, la TDC en la Universidad de Washington en Seattle, la PFT en la Universidad de Cornell y la PBM en la Universidad de Londres. A pesar de que existen estos tratamientos basados en evidencias, la mayor parte de las pacientes limítrofes siguen siendo tratadas con psicoterapia de apoyo y medicación en forma bastante inconsistente y con malos resultados.

En México, la terapia que ha sido usada e investigada por nuestro grupo es la psicoterapia focalizada en la transferencia, por lo que será la que trataremos con más extensión en este texto. La PBM y la TDC apenas empezamos a conocerlas y a integrarlas en nuestro trabajo. La mejor manera de implementar estos tratamientos, ya sean ambulatorios u hospitalarios, es en equipos formados por psiquiatras y psicoterapeutas; terapeutas para adicciones, trastornos de la conducta alimentaria y manejo del estrés; instructores en habilidades sociales, académicas y laborales; y grupos de autoayuda como alcohólicos anónimos, alanon, comedores compulsivos, víctimas de abuso sexual y otros. Como siempre en medicina, el plan de tratamiento debe estar basado en una evaluación clínica detallada basada en la Entrevista Clínica Estructurada para los Diagnósticos del DSM IV (SCID I y II) y en un contrato terapéutico mutuamente acordado, donde se establece que para empezar el tratamiento, la paciente debe comprometerse a detener los intentos suicidas, cortes en la piel, el abuso de alcohol y drogas y todo lo que se oponga al avance del mismo.

2. TRASTORNO LÍMITE DE LA PERSONALIDAD

DEFINICIÓN Y CLASIFICACIÓN

El trastorno límite de la personalidad (TLP) se define (APA, 2000) por un patrón general de inestabilidad en las relaciones interpersonales, la autoimagen y la afectividad y una notable impulsividad, que se manifiestan desde el principio de la edad adulta en forma de temores al abandono y esfuerzos frenéticos para evitarlo, idealización y devaluación de las relaciones interpersonales, alteraciones de la identidad, abuso de alcohol y drogas, sexo inseguro, amenazas e intentos suicidas recurrentes, episodios de irritabilidad, ansiedad o tristeza, sentimientos de vacío, irascibilidad, peleas físicas, ideas paranoides y disociaciones (Tabla 1.) El TLP se clasifica en el grupo B de los trastornos de la personalidad (dramáticos, emotivos e inestables), junto con los trastornos histriónico, narcisista y antisocial de la personalidad (Tabla 2). En la clasificación internacional de enfermedades (OMS, 1992) se le denomina trastorno por inestabilidad emocional de tipo límite, atendiendo a la principal característica del trastorno -inestabilidad emocional- aunque no prescinden del término límite, que se ha conservado por razones históricas, ya que se pensaba que estas pacientes estaban en el "límite" o la "frontera" entre las neurosis y las psicosis.

En la literatura psicoanalítica, el trastorno límite se caracteriza por tener una organización limítrofe de la personalidad. En la clasificación de Kernberg, los trastornos con organización limítrofe son, de los más a los menos severos, los trastornos antisocial, esquizotípico, narcisista maligno, hipocondríaco, límite, esquizoide, hipomaniaco, paranoide, narcisista, sadomasoquista, histriónico, dependiente y evitativo. (Tabla 4). Mientras que los trastornos que tienen organización neurótica son el depresivo–masoquista, el histérico y el obsesivo compulsivo (Kernberg y Caligor, 2005). La organización limítrofe está formada por:

1) el síndrome de difusión de la identidad, manifestado con representaciones contradictorias de la autoimagen y de la imagen del otro[3], agrupadas en dos sectores, el persecutorio y el idealizado,
2) mecanismos defensivos primitivos (escisión, negación, identificación proyectiva, idealización primitiva, devaluación, omnipotencia y control omnipotente),
3) prueba de realidad conservada, con fallas transitorias,
4) sexualidad infiltrada de agresividad (Ej., sadomasoquismo) ó totalmente inhibida,
5) agresión autodirigida y
6) sistema de valores primitivo (Tabla 3).

El síndrome de difusión de identidad lo ha definido Akhtar (1992) con las siguientes características:

1) Rasgos de carácter contradictorios (Ej. ternura excesiva e indiferencia extrema, ingenuidad y suspicacia, timidez y exhibicionismo,
2) incapacidad para aceptar el paso del tiempo (ej., sentirse eternamente jóvenes y al mismo tiempo muy viejos, con gran nostalgia por el pasado, planes irreales para el futuro y confusión en sus metas de vida,
3) falta de autenticidad. carecen de identidad propia por lo que imitan a las personas que van idealizando,
4) alteraciones de la imagen corporal con errores de apreciación de su peso, tipo físico, fealdad o belleza,

---

[3] En la literatura psicoanalítica a la autoimagen se le denomina *self* y a la imagen del otro, objeto. En este texto usaremos los términos autoimagen e imagen del otro, por ser los más usados en la literatura general sobre salud mental.

5) sentimientos de vacío, de que no existen, que no tienen futuro, metas ni valores,
6) dudas sobre su identidad de género, rol de género, orientación sexual y del comportamiento social y en las relaciones amorosas y sexuales y,
7) relativismo moral y debilidad en su afiliación familiar, cultural, de clase social ó a su comunidad étnica. es decir, sus valores morales son contradictorios, rígidos y los usan en forma relativa, laxa, con predominio de fallas en la adherencia a los principios morales. En general desconocen y se avergüenzan de sus antecedentes familiares, de clase social y de la comunidad étnica de origen y pueden llegar a ser impostores de otras identidades.

El concepto de organización limítrofe de la personalidad está basado en la teoría de las relaciones objetales de la psicología del yo, de Kernberg (López D, 2004). En esta teoría, el mundo intrapsíquico de los pacientes limítrofes contiene relaciones objetales parciales de tipo persecutorio e idealizadas, que se encuentran escindidas. Las relaciones objetales persecutorias están constituidas por una autoimagen de víctima y una imagen del otro como victimario, unidas por el afecto de odio, mientras que las relaciones objetales idealizadas están formadas por una autoimagen deseable y admirable y una imagen del otro amorosa, considerada y protectora, unidas por un amor sublime e incondicional. Estos dos tipos de relaciones objetales parciales se denominan díadas. En las relaciones interpersonales nuevas y en las relaciones con el personal de salud, estas díadas se escenifican, primero en el ámbito interpersonal, con la siguiente secuencia: se intensifica la escisión y la persona no percibe que se activan ambas díadas en forma alternante, por la operatividad del mecanismo de negación. Enseguida ocurre la identificación proyectiva de la autoimagen y la imagen del otro, en general de la díada persecutoria (Terapeuta como victimario, paciente como víctima) y luego se invierten (Paciente como victimario, terapeuta como víctima). Después se niega y escinde la díada persecutoria y se activa la idealizada, primero el terapeuta es el rescatador y la paciente es la rescatada y luego se invierten los roles, la paciente es la rescatadora y el terapeuta es el rescatado. El objeto de esto es alcanzar la estabilización intrapsíquica mediante el control omnipotente del otro, al que se siente amenazante en cualquiera de los roles asignados, ya que aún en el rol de rescatador con su amor sublime incondicional, se le ve como alguien que en cualquier momento habrá de abandonarlas.

EVOLUCIÓN HISTÓRICA DEL TRASTORNO LIMÍTE DE LA PERSONALIDAD

El primer artículo con el título de trastorno límite de la personalidad (TLP) fue hecho por Stern (1938). Aunque ya en esa publicación se hacía notar que estas pacientes no respondían bien al tratamiento psicoanalítico clásico, se siguieron tratando en la misma forma hasta que en 1967 Kernberg empezó a publicar una serie de artículos que aparecieron como libro en 1975 (Kernberg, 1990), donde hizo modificaciones radicales a los conceptos y el tratamiento de estos trastornos. Propuso que las pacientes limítrofes de nivel bajo deberían ser tratadas con sesiones de psicoterapia cara a cara, con una técnica que ahora se llama psicoterapia focalizada en la transferencia (Clarkin J, Yeomans F y Kernberg O, 2006) y sólo los pacientes limítrofes de alto nivel podrían abordarse con la técnica psicoanalítica clásica. Los conceptos de Kernberg influyeron mucho para definir el trastorno límite cuando este fue incluido por primera vez en el DSM III en 1980. Desde esa fecha el trastorno límite ha sido investigado exhaustivamente[4]. Uno de los resultados de esos estudios fue el desarrollo de la Terapia Dialéctico Conductual de Linehan (1993), realizado en la Universidad de Washington en Seattle, que fue la primera que demostró eficacia en estudios clínicos controlados. Otra escuela que ha hecho aportaciones significativas es la de Gunderson,

---

[4] En la biblioteca nacional de medicina de los EUA existen sólo cuatro artículos sobre el trastorno límite entre 1975 y 1979, mientras que después de 1980 hay 3349. En Google Scholar, donde se registran artículos y libros sobre los temas, hasta 1979 había 867 artículos y libros y de 1980 a la fecha, 23,300 referencias sobre el trastorno límite.

(2005) del Hospital McLean de Boston, que ha producido investigaciones tan importantes como el Estudio Colaborativo longitudinal sobre Trastornos de la Personalidad (Skodol A, Gunderson J, Tracie Shea et al, 2005) y el Estudio McLean del Desarrollo Adulto, sobre el curso y los resultados de los tratamientos del trastorno límite de la personalidad (Zanarini M, Frankenburg F, Hennen J, et al, 2005). El último de los avances fundamentales ha sido el de Fonagy y Bateman acerca de la importancia de las fallas en el apego y la mentalización en el origen y el tratamiento del trastorno límite (Bateman y Fonagy, 2005), contenidos en un manual de tratamiento basado en la mentalización, desarrollado en la Universidad de Londres. El afán de investigar los tratamientos eficaces para el trastorno límite ha incluido también el estudio de los medicamentos específicos para este padecimiento, como han sido los antidepresivos, antipsicóticos, estabilizadores del estado de ánimo y el ácido graso omega 3.

Todos estos resultados han preparado el terreno para que la atención de las pacientes limítrofes se pueda hacer de acuerdo a los postulados de la Medicina Basada en Evidencias (Sackett, Rosenberg, Gray, Haynes y Richardson, 1996), que consiste en el uso sensato, explícito y concienzudo de la mejor evidencia disponible para tomar decisiones acerca de la atención de los pacientes mediante la integración de la pericia clínica y la información obtenida por la investigación sistemática (Tabla 5).

EPIDEMIOLOGÍA

En una muestra representativa (N=2053) de la comunidad de Oslo, Noruega (Torgersen, 2001), se encontró que el trastorno límite estaba presente en el 0.7% de la población. La prevalencia de todos los trastornos fue de 13.4%. Independientemente que un sujeto tuviera uno o más trastornos de la personalidad, la distribución fue la siguiente: evitativo 5.0%, paranoide 2.4%; histriónico y obsesivo compulsivo 2.0% cada uno; esquizoide 1.7%, dependiente 1.5%, narcisista 0.8%, antisocial y límite, 0.7% cada uno y esquizotípico 0.6% (Tabla 6). Si consideramos que de los trastornos de personalidad investigados por Torgersen, sólo el obsesivo compulsivo tiene una organización neurótica de la personalidad, resulta que los trastornos que tienen organización limítrofe están presentes en el 11.4% de la población general.

En México no contamos con estudios sobre la epidemiología específica de los trastornos de la personalidad. La investigación que ha aportado datos indirectos sobre estos padecimientos es el realizado por Medina Mora y cols. (2003). Los trastornos más comunes fueron las fobias específicas (7.1% alguna vez en la vida), seguidas por los trastornos de conducta (6.1%), la dependencia al alcohol (5.9%), la fobia social (4.7%) y el episodio depresivo mayor (3.3%). De los trastornos mencionados, los de conducta (6.1%) son los que podrían considerarse como representativos de los trastornos de la personalidad, ya que con el paso del tiempo pueden desembocar en trastornos de tipo límite o antisocial de la personalidad.

En 859 pacientes psiquiátricos ambulatorios (Zimmerman M, Rothschild L, Chelminski I, 2005) el trastorno límite se diagnosticó en el 9.3% de los casos. Los demás trastornos de la personalidad tuvieron la siguiente prevalencia: evitativo, 14.7%; no especificado, 14.1%; obsesivo compulsivo, 8.7%; paranoide, 4.2%; antisocial, 3.6%; narcisista, 2.3%; esquizoide y dependiente, 1.4% cada uno; histriónico, 1.0% y el esquizotípico, 0.6%. En cambio, los pacientes psiquiátricos hospitalizados (Grilo C, McGlashan T, Quinlan D et al, 1998) tienen tasas mucho más altas del trastorno límite, ya que en una investigación en 255 ingresos a un hospital psiquiátrico, el trastorno se encontró, en pacientes adolescentes, en el 49% y en adultos, en el 43% de los casos. El resto de los trastornos tuvieron las siguientes cifras (primero se da el resultado en adolescentes y luego en adultos): dependiente (5%/15%); evitativo (7%/13%); no especificado (12%/12%); histriónico (7%/9%), esquizotípico (6%/9%), pasivo agresivo (20%/9%), narcisista (4%/6%), paranoide (6%4%), obsesivo compulsivo (3%/3%) y esquizoide (1%/3%) (Tabla 7).

En un estudio (Bender DS, Skodol AE, Pagano ME, et al, 2006) longitudinal prospectivo durante tres años, sobre 633 individuos con trastornos de la personalidad (esquizotípico, límite, evitativo u obsesivo–compulsivo) y edades entre los 18 y los 45 años, encontraron que estos pacientes usaron, en forma significativa, más servicios de salud mental que los pacientes con trastorno depresivo mayor, aunque el uso de psicoterapia individual disminuyó al cabo de un año del seguimiento.

FACTORES ETIOLÓGICOS

La etiología del trastorno límite es multifactorial. Torgersen et al (2000), en un estudio de la heredabilidad de los trastornos de la personalidad en 92 pares de gemelos monocigóticos y 129 pares de dicigóticos, encontraron, para todos los trastornos, una tasa de concordancia de 38% en los monocigóticos y 11% en los dicigóticos, y una heredabilidad de 0.60. La heredabilidad del trastorno límite fue de 0.69 (Del narcisista, 0.79 y del obsesivo compulsivo de 0.78). De los factores neurobiológicos, los hallazgos más importantes son de disfunción del sistema serotoninérgico y reducción de la actividad metabólica en la corteza prefrontal orbital y medial, asociada con la agresión impulsiva (Goodman M, New A, Siever L, 2004). Zanarini (1997, 2002), en dos investigaciones, encontró que la negligencia y el abuso sexual y físico en la infancia lo reportaban alrededor del 90% de las pacientes con trastorno límite y que más del 50% de las que sufrieron abuso sexual lo tuvieron al menos una vez por semana, por un mínimo de un año; los perpetradores habían sido el padre u otra persona conocida por la paciente y en el acto de abuso siempre hubo alguna forma de penetración y de violencia (Tabla 8). Estos resultados se confirmaron en un reporte reciente del mismo grupo (Battle C, Shea M, Jonson D et al, 2004).

En un estudio con pacientes femeninas internadas que padecían trastorno límite (Shachnow J, Clarkin J, DiPalma CS *et al.*, 1997) se encontró que 82% de ambos padres tenían psicopatología significativa que se correlacionaba con la severidad del trastorno. Estudios de apego en niños han mostrado que el apego inseguro, preocupado y desorganizado puede iniciar una trayectoria que culmine en la aparición de este padecimiento (Fonagy *et al*, 1996).

PSICOPATOLOGÍA

La descripción de la psicopatología del trastorno límite de la personalidad que hace el DSM IV TR es la más usada en los ambientes clínicos y de investigación. Allí se presentan los rasgos y síntomas del trastorno en forma categorial y jerarquizada en 9 ítems, donde el número uno es el de mayor peso para el diagnóstico y los demás tienen importancia decreciente.

El rasgo esencial del trastorno es un patrón arraigado de inestabilidad en las relaciones interpersonales, la autoimagen y los afectos, y de una marcada impulsividad, que empieza en la adultez joven, está presente en diferentes contextos y se expresa en 9 áreas principales.

Estas mujeres hacen esfuerzos frenéticos para evitar un abandono real o imaginado (Criterio 1). La percepción de una separación o rechazo inminente puede provocar cambios profundos de la autoimagen, el afecto, la cognición y la conducta. Reaccionan con rabia inapropiada aún cuando se enfrenten a separaciones breves. Creen que este 'abandono' implica que son 'malas'. Tienen intolerancia a estar solas y necesitan estar acompañadas.

Sus relaciones interpersonales son inestables e intensas (Criterio 2). Idealizan a los amigos o parejas potenciales en el primer o segundo encuentro; les demandan cercanía por periodos prolongados y muy pronto abren su intimidad. Sin embargo, la idealización cambia hacia una súbita devaluación cuando sienten que el otro no se interesa en ellas, no les da lo que esperan o no 'está' en la relación. Pueden empatizar y dar afecto a otros pero sólo para que "estén" a su disposición cuando lo pidan. Son propensas a tener cambios dramáticos y súbitos en su visión de los otros, por ejemplo, de protectores a cruelmente maltratadores.

Tienen una alteración de la identidad caracterizada por una notable y persistente inestabilidad en la autoimagen o en el sentido de sí mismas (Criterio 3). Hay cambios súbitos y dramáticos en las metas, valores y aspiraciones vocacionales; en opiniones y planes de sus carreras; y en la identidad sexual y el tipo de amigos. Cambian de repente sus actitudes suplicantes a ser vengativas por los maltratos sufridos. Aunque su autoimagen dominante es de ser malas, a veces pueden sentir que no existen. Esto ocurre cuando carecen de relaciones significativas de protección y apoyo.

Son impulsivas en áreas potencialmente peligrosas para ellas mismas (Criterio 4) como apostar, gastar dinero en forma irresponsable, darse atracones de comida, abusar de sustancias, involucrarse en prácticas sexuales no seguras o conducir automóviles temerariamente. Con frecuencia realizan amenazas, gestos, intentos suicidas, cortes en la piel, mordeduras en los puños o golpes en la cara (Criterio 5). La conducta autodestructiva aparece ante amenazas de separación, rechazos o cuando tienen que asumir responsabilidades. La conducta autolesiva puede ocurrir durante episodios disociativos y a menudo les sirve para reafirmar la capacidad de sentir o para expiar sus sentimientos de maldad.

La afectividad es muy inestable por una marcada reactividad del estado de ánimo (disforia episódica intensa, irritabilidad o ansiedad que duran pocas horas o pocos días) (Criterio 6). El estado de ánimo disfórico básico se acompaña de periodos de rabia, pánico o desesperación, rara vez se sienten bien o satisfechas y nunca tienen euforia o irritabilidad de todo el día, por muchos días. Otra de sus características es el sentimiento crónico de vacío (Criterio 7). Se aburren fácilmente y están en una constante búsqueda de algo qué hacer. Con frecuencia tienen expresiones inapropiadas e intensas de ira (Criterio 8) que no pueden controlar. Pueden mostrarse extremadamente sarcásticas, con amargura y agresiones verbales. La ira aparece cuando un amigo o pareja se comporta egoísta, negligente, descuidado o las abandona. Las expresiones de rabia son seguidas por vergüenza y culpa y contribuyen a sus sentimientos de maldad. En períodos de estrés extremo presentan ideación paranoide transitoria o síntomas disociativos breves que son de poca severidad y corta duración (Criterio 9), también como respuesta a los abandonos reales o imaginados; los síntomas pueden ser de minutos a horas y pueden remitir si logran que regrese la persona abandonadora.

Pueden tener un patrón de fracaso ante el éxito, como dejar la escuela justo antes de graduarse, cuando se alaban sus logros en la terapia o antes de comprometerse en una relación duradera. Algunas presentan síntomas como alucinaciones, distorsiones de la imagen corporal e ideas de referencia, provocadas por el estrés. Se sienten más seguras con objetos transicionales como mascotas u objetos materiales que con las relaciones interpersonales. A veces presentan discapacidades a consecuencia de los intentos suicidas fallidos. Pierden con frecuencia el trabajo, las oportunidades de estudio y a sus parejas por divorcio.

SUICIDALIDAD Y CONDUCTA AUTOLESIVA

Las amenazas e intentos suicidas recurrentes y la conducta autolesiva (Cortarse la piel) de las pacientes con TLP se consideran, en general, como conductas manipulatorias para lograr cambios en su entorno ó reducir la ansiedad, el enojo o el aburrimiento, sin embargo, el 10% de esta población muere por suicidio. La gran mayoría de los intentos suicidas ocurren en episodios de intoxicación o de abstinencia por el uso de alcohol y drogas. Esto obliga a que los equipos de tratamiento siempre cuenten con expertos en evaluar el riesgo suicida y en el manejo de intentos suicidas y del abuso del alcohol y las drogas. Los intentos suicidas leves y los cortes en la piel sí se presentan como intentos de solución de conflictos interpersonales con sus parejas románticas ó sus padres ó para calmar afectos negativos intensos.

Un estudio (Soloff P, Fabio A, Kelly T, et al, 2005) sobre 113 pacientes con TLP que habían realizado varios intentos suicidas mostró las siguientes características principales. En 44 sujetos, los intentos fueron de alta letalidad y en 69, de baja letalidad. En el primer grupo, 16 eran hombres y 28, mujeres; y en el segundo fueron 16 y 53, respectivamente. Los sujetos de alta letalidad eran de mayor edad, con hijos, con poca escolaridad y de inferior clase socioeconómica que los de baja letalidad. El primer grupo sufría de tasas más altas de depresión mayor, trastorno antisocial de la personalidad e historia familiar de abuso de alcohol y drogas. Estos mismos pacientes reportaron mayor deseo de morir, mayor número de intentos a lo largo de la vida y más hospitalizaciones con estancias más largas que los sujetos del grupo de baja letalidad. Según este estudio, la categoría de alta letalidad se puede predecir por bajo nivel socioeconómico, comorbilidad con trastorno antisocial de la personalidad, antecedentes de múltiples tratamientos psiquiátricos y alto deseo de morir.

En la práctica clínica, la mejor manera de evaluar el riesgo suicida (López D, 2004) es a través de una exploración sistemática, en todos los casos de la existencia de ideas, planes y acopio de material suicida, la intensidad del deseo de morir o de manejar ambientes y sentimientos intolerables, el grado de desesperanza y la fortaleza de la relación terapéutica. Una guía sencilla es el considerar que el riesgo y la letalidad aumenta en relación directa a la gravedad del trastorno límite, en especial de la impulsividad; la presencia de intoxicación o abstinencia de alcohol y drogas ó de confusión mental con alucinaciones o ideas delirantes; la ausencia de apoyo familiar y social y la debilidad de la relación terapéutica. En todos los casos, la contratransferencia e intuición del terapeuta son la clave para realizar las intervenciones necesarias como hospitalización, medicación, terapia individual y familiar y otras medidas.

COMORBILIDAD

El trastorno límite casi siempre va acompañado por otros padecimientos del Eje I (Síndromes psiquiátricos) y del Eje II (Trastornos de la personalidad). A esta coexistencia con uno o más padecimientos se le denomina comorbilidad. Cuando se presenta esta condición, los padecimientos involucrados tienen un curso clínico más severo que cuando se manifiestan aislados. Esto obliga a buscar la presencia actual o pasada de los trastornos comórbidos más frecuentes. En una investigación de Zanarini M, Frankenburg F, Hennen J *et al* (2004) sobre 290 pacientes con trastorno límite que iniciaban un estudio de seguimiento de seis años, el 96.9% tenían trastornos del estado de ánimo (86.6% era depresión mayor), el 89%, trastornos de ansiedad (58.3% era trastorno por estrés postraumático), 62.1%, trastornos por uso de sustancias (50.3% era por alcohol) y 53.8%, trastornos de la conducta alimentaria (bulimia, 24.1%; anorexia, 21.7%). Al empezar ese mismo estudio, las comorbilidades más importantes con otros trastornos de la personalidad (Zanarini, Frankenburg, Vujanovic *et al*, 2004) fueron con los trastornos evitativo (59%) y el dependiente (45%) de la personalidad (Tabla 9).

Depresión mayor
Se caracteriza por la presencia (todo el día y todos los días), al menos durante dos semanas, de un estado de ánimo depresivo (en los niños y adolescentes puede ser irritabilidad); disminución acusada del interés o de la capacidad para el placer en todas o casi todas las actividades; pérdida ó aumento de peso, pérdida o aumento del apetito (Los niños no logran el aumento de

peso esperable); insomnio o hipersomnia; agitación o enlentecimiento psicomotores; fatiga o pérdida de energía; sentimientos de inutilidad o de culpa excesivos o inapropiados, que pueden ser delirantes; disminución de la capacidad para pensar ó concentrarse ó indecisión; pensamientos recurrentes de muerte; ideación suicida recurrente con o sin plan específico e intentos de suicidio

Trastorno por estrés postraumático
Este padecimiento ocurre cuando la persona ha experimentado, presenciado o le han explicado uno (o más) acontecimientos caracterizados por muertes o amenazas para su integridad física o la de los demás. Ante esto su respuesta ha sido de temor, desesperanza u horror intensos. A partir de entonces, el acontecimiento traumático es reexperimentado persistentemente a través de recuerdos del acontecimiento recurrentes e intrusivos, que provocan malestar. En los niños pequeños esto puede expresarse en juegos repetitivos donde aparecen temas o aspectos característicos del trauma. Hay sueños de carácter recurrente sobre el acontecimiento, que producen malestar. Los niños pequeños pueden escenificar el acontecimiento traumático específico. Hay un malestar psicológico y respuestas fisiológicas intensas al exponerse a estímulos internos o externos que simbolizan o recuerdan un aspecto del acontecimiento traumático, los cuales evitan con lo que su vida puede llegar a constreñirse en forma notoria.

Abuso de alcohol
Es un patrón de consumo de bebidas alcohólicas que conlleva un deterioro o malestar clínicamente significativos, junto con uno o más de los siguientes ítems durante un periodo de 12 meses:

1) consumo recurrente que da lugar al incumplimiento de obligaciones de trabajo, escolares o domesticas,
2) consumo recurrente en situaciones en las que el hacerlo es físicamente peligroso,
3) problemas legales repetidos relacionados con el alcohol,
4) consumo continuado de alcohol a pesar de tener problemas sociales continuos o recurrentes o problemas interpersonales causados o exacerbados por los efectos del mismo.

Bulimia nerviosa
Se caracteriza por atracones recurrentes, al menos dos veces a la semana, de ingesta excesiva de alimento en poco tiempo (Ej., 2 horas), con sensación de pérdida de control y conductas compensatorias y repetidas para no ganar peso como vomitar o usar laxantes, diuréticos, enemas, ayuno y ejercicio excesivo. La autoevaluación está exageradamente influida por el peso y la silueta corporales. La bulimia puede ser de tipo purgativo cuando vomitan, usan laxantes, diuréticos o enemas, o de tipo no purgativo cuando sólo ayunan ó hacen ejercicio intenso, además de la ingesta excesiva de alimento. Las pacientes con bulimia con frecuencia tienen mezclado lo que se llama Trastorno por atracón. En este hay episodios recurrentes, al menos dos veces a la semana, de atracones con sensación de pérdida de control sobre la ingesta del alimento. La ingesta es mucho más rápida de lo normal, comen hasta sentirse desagradablemente llenas, ingieren grandes cantidades de comida a pesar de no tener hambre, comen a solas para esconder su voracidad y sienten depresión o gran culpabilidad después del atracón y al recordar los atracones.

Anorexia nerviosa
Se manifiesta como rechazo a mantener el peso corporal igual o por encima del valor mínimo normal considerando la edad y la talla (15% abajo de lo esperado), miedo intenso a ganar peso o a convertirse en obesa, incluso estando por debajo del peso normal, alteración de la percepción del peso o la silueta corporales, exageración de su importancia en la autoevaluación ó negación del peligro del bajo peso corporal. En las mujeres pospuberales hay amenorrea de al menos tres ciclos menstruales consecutivos. La anorexia puede ser de tipo restrictivo, cuando sólo evita la comida o de tipo compulsivo/purgativo, cuando hay atracones o purgas con vómito o uso excesivo de laxantes, diuréticos o enemas.

Trastorno de la personalidad por evitación
Se manifiesta por un patrón general de inhibición social, sentimientos de inferioridad e hipersensibilidad a la evaluación negativa, que les hacen evitar trabajos o actividades que impliquen un contacto interpersonal importante, debido al miedo a las críticas, la desaprobación o el rechazo; rechazo a implicarse con la gente si no está seguro de que va a agradar; temor a las relaciones íntimas debido al miedo a ser avergonzado o ridiculizado; preocupación por ser criticado o rechazado en las situaciones sociales; inhibición en las situaciones interpersonales nuevas a causa de sentimientos de inferioridad; se ven a sí mismos socialmente ineptos, personalmente poco interesantes o inferiores a los demás; y son extremadamente reacios a correr riesgos personales o a implicarse en nuevas actividades debido a que pueden ser comprometedoras.

Trastorno de personalidad por dependencia

Estas pacientes tienen una necesidad general y excesiva de que se ocupen de ellas y un comportamiento de sumisión y adhesión y temores de separación, por lo que se les dificulta tomar las decisiones cotidianas si no cuentan con una guía y reaseguramiento excesivos por parte de los demás; necesitan que otros asuman la responsabilidad en las principales áreas de su vida; no pueden expresar el desacuerdo con los demás debido al temor a la pérdida de apoyo o aprobación; temen iniciar proyectos o hacer las cosas a su manera (debido a la falta de confianza en su propio juicio o en sus capacidades más que a una falta de motivación o de energía); exageran sus deseos de protección y apoyo hasta el punto de ofrecerse como voluntarias para realizar tareas desagradables; se sienten incómodas o desamparadas cuando están solas debido a sus temores exagerados a ser incapaz de cuidarse ellas mismos; cuando terminan una relación importante buscan urgentemente otra relación que les proporcione el cuidado y el apoyo que necesitan; y están preocupadas constantemente por el miedo a que las abandonen y tengan que cuidarse ellas mismas.

DIAGNÓSTICO

El DSM IV TR establece que para hacer el diagnóstico del trastorno límite se requiere que exista inestabilidad en las relaciones interpersonales, la autoimagen y la afectividad y una notable impulsividad y la presencia de al menos cinco de cualquiera de los nueve criterios diagnósticos. Clarkin J, Yeomans F y Kernberg O (2006) consideran que es necesario que siempre estén presentes los criterios 1,2 y 3, que engloban a los demás criterios en la siguiente forma: 1,4 y 5; 2,6 y 8; y 3,6 y 9 (Tabla 1).

La evaluación diagnóstica básica se hace con la entrevista psiquiátrica tradicional, la entrevista estructural de Kernberg (1984), pruebas psicológicas, y exámenes de laboratorio y de gabinete escogidas para estudiar las comorbilidades (Biometría hemática, pruebas hepáticas, electrolitos, perfil tiroideo, electroencefalograma, por ejemplo). Es recomendable usar instrumentos clinimétricos como la Entrevista Clínica Estructurada para hacer diagnósticos del DSM IV (SCID I y II) (First M, Spitzer R, Gibbon M, Williams J, 1999[a]; First M, Gibbon M, Spitzer, R et al, 1999b), el SCL 90 y la Escala de Evaluación Global del DSM IV TR. Para cada trastorno comórbido se usan las escalas correspondientes. Por ejemplo, para la depresión mayor, la Escala de Beck, para los trastornos de ansiedad, la Escala de Ansiedad de Hamilton, para la manía la Escala de Young, para el trastorno obsesivo compulsivo la Escala de Yale Brown, etc. (Tabla 10).

PSICODINAMIA

Aquí se presenta sólo un bosquejo de la psicodinamia que proponen los tres tipos de psicoterapia basados en evidencias. En el Capítulo Dos se amplían los conceptos de estas psicodinamias y su aplicación a los tratamientos. *Kernberg, Clarkin y Yeomans.*

Los aspectos psicoestructurales y psicodinámicos de la organización limítrofe de la personalidad se establecieron hace casi 40 años y ya fueron citados arriba. Se han mantenido vigentes como el marco de referencia que siguen una gran mayoría de psicoterapeutas de orientación psicoanalítica.

En resumen, la psicodinamia de la organización limítrofe se puede observar en la siguiente secuencia: En el marco de una relación romántica idealizada empiezan a tener temores constantes de ser abandonadas. A la menor señal de que vaya a ocurrir un abandono real ó imaginado, el mundo interno de la paciente se escinde en conceptos todo buenos y todo malos de sí misma, que proyectan en el ser querido, al que presionan a que se identifique con las díadas "victimario–odio–víctima" o bien de "rescatador–amor sublime–rescatada. Toda esta escenificación es negada por la paciente y se mantiene con la ayuda de los mecanismos auxiliares de idealización, devaluación y control omnipotente. Estas defensas no logran estabilizar las respuestas de las pacientes por lo que ocurren inversión de roles y alternancia de las díadas que culminan en intentos suicidas, cortes en la piel, tormentas emocionales y hospitalizaciones psiquiátricas. La tarea del entrevistador y luego del terapeuta es reconocer y ayudar a la paciente a profundizar en estas percepciones de si mismas y de los demás.

Bateman y Fonagy

En el trastorno límite, existen dos autoimágenes escindidas, una realista que es reconocida y otra que es sentida ajena por estas pacientes. Esta última es una representación mental con funciones cognitivas, afectos y disposiciones conductuales caóticas y primitivas que es la responsable de las manifestaciones impulsivas (Autolesiones, intentos suicidas, pleitos físicos, abuso de sustancias), de inestabilidad emocional (Tormentas afectivas, ira intensa) y desorganización cognitiva (alteración de la identidad, ideas paranoides, episodios disociativos, psicosis transitorias) de estas pacientes. Durante el desarrollo, una vez internalizada esa autoimagen patológica, la niña constantemente hace esfuerzos desesperados por expulsarla y colocarla en la mente de sus padres o cuidadores, a los que intenta controlar en forma tiránica para tener la ilusión de controlar esa autoimagen en la persona de aquellos. Con esto, a veces se coloca en situación de víctima y permite el maltrato o bien ella misma actúa como victimaria de sus personas significativas. Estas conductas continúan activas en la adolescencia y edad adulta con una psicodinamia parecida a la que proponen Clarkin, Yeomans y Kernberg.

Marsha Linehan

Linehan basa su terapia dialéctica conductual en una teoría biosocial de la personalidad. La premisa es que el trastorno límite es causado por una falla en la regulación de las emociones debida a vulnerabilidades constitucionales y actitudes parentales invalidantes. Estos entornos incapacitan al niño para etiquetar y regular el alertamiento afectivo, tolerar el malestar emocional y confiar en que sus respuestas emocionales son las apropiadas de acuerdo a una interpretación válida de los eventos.

Al paso del tiempo, la mujer con trastorno límite invalida sus propias experiencias emocionales, busca que otros le reflejen correctamente la realidad externa y se vuelve simplista en la manera de resolver los problemas de la vida. Esto hace que tengan metas irreales o que usen el autocastigo en lugar de recompensar sus esfuerzos para alcanzar sus objetivos y que acaben odiándose y avergonzadas de sus constantes fracasos. Para ayudar a estas pacientes el terapeuta debe crear un contexto donde se validan las respuestas de las pacientes y no se les culpa por tener esas reacciones. Así, el terapeuta bloquea o extingue las conductas malas, extrae las buenas y diseña una estrategia para que las conductas buenas sean tan reforzadoras que se retroalimenten.

PRONÓSTICO Y CURSO CLÍNICO

El pronóstico y curso clínico del trastorno límite es mucho mejor de lo que se pensaba hace 10 años. La investigación que vino a cambiar esa visión pesimista fue realizada por Zanarini et al. (2003) del Programa de McLean para Estudiar el Desarrollo Adulto. Hicieron un estudio prospectivo de 362 pacientes hospitalizadas de los que 290 tenían trastorno límite y 72 sufrían de algún otro trastorno de la personalidad. La mayoría de las pacientes recibieron múltiples tratamientos a lo largo del estudio. El 94% de los sujetos fueron evaluados a los 2, 4 y 6 años de la primera medición. De las que tenían trastorno límite, el 34.5% habían dejado de tenerlo a los 2 años, el 49.4% a los 4 años, el 68.6 a los 6 años y el 73.5% al terminar la investigación. De las pacientes con trastorno límite que habían quedado libres del trastorno, sólo el 5.9% tuvieron recurrencia del padecimiento. Los síntomas que remitieron primero fueron los de impulsividad; la inestabilidad afectiva fue la más crónica y las manifestaciones cognitivas e interpersonales tuvieron una evolución intermedia. En este mismo grupo de pacientes se estudió la utilización de servicios de salud mental (Zanarini, Frankenburg, Hennen y Silk, 2004). Sólo 33% tuvieron una hospitalización psiquiátrica en los últimos años del estudio, en contraste con el 79% que habían sido hospitalizados el empezar la investigación. Tres cuartas partes de los pacientes estaban todavía en psicoterapia y tomando psicofármacos al finalizar los 6 años del estudio (Tabla 11). Un hallazgo inesperado del estudio citado, reportado en otro artículo (Gunderson J, Bender D, Sanislow Ch, 2003) fue la observación de que 18 de los primeros 160 pacientes estudiados presentaron "remisiones" súbitas del TLP, el cual había sido cuidadosamente diagnosticado, en los primeros seis meses del seguimiento, mejoría que seguía siendo evidente seis meses después.

TRATAMIENTO

El tratamiento básico del trastorno límite es algún tipo de psicoterapia. De estas, las que han mostrado eficacia en estudios clínicos controlados, y que han sido manualizadas, son la Terapia Dialéctico Conductual de Linehan (1993), la Psicoterapia Focalizada en la Transferencia de Clarkin, Yeomans y Kernberg (2006) y la Psicoterapia Basada en la Mentalización de Bateman y Fonagy (2005). Los medicamentos eficaces para la impulsividad, inestabilidad emocional y desorganización cognitiva de este trastorno son la fluoxetina, olanzapina o combinadas (Zanarini MC, Frankenburg FR, Parachini EA, 2004), el valproato (Hollander E, Swann AC, Coccaro EF, et al, 2005), el topiramato (Lowe TH, Nickel MK, Muehlbacher M, et al, 2006), la lamotrigina (Tritt K, Nickel C, Laman C et al, 2005), el aripiprazol (Nickel MK, Muehlbacher M, Nickel C, et al, 2006) y el ácido graso omega 3 (Zanarini MC, Frankenburg FR, 2003). En general, cualquiera de estos medicamentos deben usarse durante seis a 18 meses según el cuadro clínico, los estresantes psicosociales presentes y el progreso de la psicoterapia (Tabla 12).

Los tratamientos eficaces para las principales comorbilidades del trastorno límite son los siguientes (Roth y Fonagy, 2005). Para la depresión mayor, el uso de antidepresivos combinados con alguna forma de psicoterapia, que puede ser psicodinámica, interpersonal o cognitivo conductual. La meta con estos tratamientos es alcanzar la remisión completa del trastorno y luego prevenir las recurrencias, que son muy frecuentes. Para esto se recomienda, en el primer episodio de depresión mayor, sostener la medicación por 9 meses, en el segundo por dos años y después del tercer episodio, dejarlos de por vida. La psicoterapia en general se usa en una o dos sesiones por semana durante tres a seis meses, aunque en promedio, las pacientes llegan a completar alrededor de 16 sesiones. Se piensa que es útil hacer sesiones de refuerzo con psicoterapia a la menor señal de reaparición de la depresión, cada tres meses o cuando reaparezcan los estresantes psicosociales asociados al inicio del trastorno.

Para el trastorno por estrés postraumático se ha visto que las sesiones inmediatas de revisión del trauma no son tan útiles y pueden interrumpir el proceso normal de afrontamiento. Además del uso de antidepresivos, las psicoterapias eficaces son la terapia cognitivo conductual, la exposición y la de reprocesamiento y desensibilización con movimientos oculares, aunque algunos de los elementos de esta última han sido cuestionados.

Los trastornos de abuso y dependencia al alcohol deben ser tratados de acuerdo a la severidad del consumo, dentro de programas dirigidos a resolver la mayor cantidad de factores asociados al trastorno. Los programas de internamiento por cinco semanas para desintoxicación y rehabilitación, basados en los 12 pasos y apoyados en psicoterapia individual y de grupo, adiestramiento en habilidades sociales y otras terapias auxiliares, parece ser de las mejores opciones en estos casos. De los medicamentos los que han dado buenos resultados son el disulfiram, la naltrexona y el acamprosato.

La anorexia nerviosa requiere siempre de consejería nutricional, que comúnmente debe hacerse en un hospital, para asegurar la ganancia de peso. La psicoterapia más efectiva es la cognitivo conductual, aunque también la psicodinámica ha resultado de utilidad. En menores de 18 años es indispensable la terapia familiar. El tratamiento de la bulimia y del trastorno por atracón se hace con psicoterapia cognitivo conductual que también puede ser interpersonal o psicodinámica y con antidepresivos, además de la consejería nutricional. También en menores de 18 años es necesaria la terapia familiar.

Y los trastornos de personalidad por evitación y por dependencia se tratan con psicoterapia focalizada en la transferencia con ayuda de algunos elementos de la terapia cognitivo conductual para resolver los aspectos de evitación y dependencia más rebeldes al tratamiento.

Aplicación del tratamiento
Las recomendaciones de la Guía Práctica para el tratamiento de Pacientes con Trastorno Límite de la Personalidad de la Asociación Psiquiátrica Americana (APA, 2002) son las más útiles para organizar las tareas que pueden conducir a un tratamiento exitoso. El manejo psiquiátrico está destinado a:

a) iniciar las medidas psicoterapéuticas y farmacológicas después de haber completado la evaluación inicial, en especial a contener la conducta suicida y a eliminar el uso de alcohol y drogas;

b) responder a las crisis;

c) vigilar la seguridad del paciente;

d) mantener el encuadre, los límites entre paciente y terapeuta y la alianza terapéutica;

e) ofrecer educación sobre el padecimiento y su tratamiento al paciente y su familia;

f) coordinar el equipo de clínicos y terapeutas;

g) evaluar el progreso del paciente;

h) revisar la efectividad del plan de tratamiento y;

i) a manejar los problemas derivados de la escisión que provocan estas pacientes en el terapeuta y el equipo de tratamiento (Tabla 13).

El tratamiento debe adaptarse a las condiciones de la paciente y casi siempre requiere de un equipo y recursos como:

a) psiquiatras encargados del diagnóstico, contrato terapéutico, estructuración del tratamiento, medicación de los trastornos del Eje I, atención de las emergencias y coordinación del equipo;

b) psicoterapeutas individuales y de grupo;

c) terapeutas de adicciones y trastornos de la conducta alimentaria;

d) terapeutas auxiliares para atender los rezagos académicos, laborales, de habilidades sociales y otras;

e) grupos de autoayuda (AA, Alanon, Violencia Familiar, Abuso Sexual, Comedores compulsivos y otros);

f) un hospital general ó psiquiátrico para la atención de las emergencias y las hospitalizaciones parciales o completas que estén indicadas (Tabla 14).

PREVENCIÓN

La prevención terciaria se hace aplicando un buen tratamiento, como se ha señalado en las secciones anteriores. La prevención secundaria debe enfocarse al diagnóstico oportuno del padecimiento ya establecido. Esto se puede realizar en las salas de emergencia de los hospitales a donde llegan con intentos suicidas, cortes en la piel o en sus crisis emocionales. También se puede detectar el trastorno en las escuelas y los hogares cuando tienen constantes cambios de estado de ánimo, pleitos con personas cercanas y al hacer amenazas suicidas. Lo más importante es tratar de implementar medidas de prevención primaria en familias donde los padres tienen, por ejemplo, alcoholismo, depresión mayor, trastorno bipolar o trastornos límite, antisocial y otros trastornos de la personalidad, mediante el tratamiento de estas condiciones.

De acuerdo a la importancia del establecimiento de un apego seguro del bebé con su madre, ahora se ha visto que es necesario tratar enérgicamente la depresión de la madre en el embarazo y la lactancia con antidepresivos y psicoterapia, porque la depresión no tratada es un factor que altera el proceso de apego madre–bebé. Otro momento crucial para los esfuerzos de prevención primaria es cuando se detectan trastornos depresivos, de ansiedad, por déficit de atención, de conducta y otros en la infancia y la niñez, los cuales deben ser tratados de inmediato. Lo mismo es válido sobre todo con los trastornos por abuso de alcohol y drogas en la pubertad y adolescencia.

REFERENCIAS

1. Asociación Psiquiátrica Americana: *Manual Diagnóstico y Estadístico de los Trastornos Mentales*, Texto Revisado, 4ª Edición. Editorial Masson, Barcelona. 2000
2. Asociación Psiquiátrica Americana. *Guía Clínica para el tratamiento del trastorno límite de la personalidad*. Psiquiatría Editores. Barcelona. 2002
3. Organización Mundial De La Salud. *Clasificación Internacional de Enfermedades*. 10ª Ed. 1992
4. Kernberg OF, Caligor E. A Psychoanalytic Theory of Personality Disorders. En: Lenzenweger MF, Clarkin JF. *Major Theories. of Personality Disorder. Second Edition*. Guilford Press. NY. 2005
5. Akhtar S. *Broken Stuctures*. Guilford Press. New York. 1992
6. López D. *Psicoterapia Focalizada en la Transferencia para pacientes Limítrofes*. Ed. Edamex, México, 2004.
7. Stern A. Psychoanalytic investigation and therapy in the borderline group of neuroses. *Psychoanal Quarterly*, 1938:7:467–489.
8. Kernberg O. *Desórdenes fronterizos y narcisismo patológico*. Paidós. México, 1990. Primera edición en inglés, Jason Aronson, New York, 1975
9. Clarkin J, Yeomans F, Kernberg O. *Psychotherapy for Borderline Personality*. Focusing on Object Relations. American Psychiatric Publishing. Washington. 2006
10. Linehan MM. *Cognitive–Behavioral Treatment of Borderline Personality Disorder*. The Guilford Press. New York. 1993
11. Gunderson JG, Hoffman PD. *Understanding and Treating Borderline Personality Disorder*: A Guide

for Professionals and Families. American Psychiatric Publishing. Washington, 2005

12. Skodol AE, Gunderson JG, Shea MT et al. The Collaborative longitudinal personality disorders study (CLPS): overview and implications. *J Personality Disorders*. 2005:19(5),487–504.

13. Zanarini M, Frankenburg F, Hennen J, et al. (2005). The McLean Study of adult development (MSAD): Overview and implications of the first six years of prospective follow–up. *J Personality Disorders*. 2005:19(5),505–523.

14. Bateman A, Fonagy P. *Psicoterapia para el trastorno límite de la personalidad. Tratamiento basado en evidencias*. Editorial Universitaria, Guadalajara, México. 2005. Título original: Psychotherapy for borderline Personality Disorder. Mentalization–based treatment. Oxford University Press. London. 2004

15. Sackett DL, Rosenberg WM, Gray, et al. Evidence based medicine: what it is and what it isn't. *British Medical Journal*. 1996. 312:71–72 (13 January).

16. Torgersen S, Kringlen E, Cramer V. The Prevalence of Personality Disorders in a Community Sample. *Arch Gen Psychiatry*. 2001. 58:590–596

17. Medina M, Borges G, Lara M, Benjet C, y cols. Prevalencia de trastornos mentales y uso de servicios: Resultados de la Encuesta Nacional de epidemiología Psiquiátrica en México. *Revista de Salud Mental*. 2003. Vol, 26 No. 4. pp. 1-16

18. Zimmerman M, Rothschild L, Chelminsky I. The Prevalence of DSM–IV personality disorders in psychiatric outpatients. *Am J Psychiatry*. 2005. 162:1911–1918.

19. Grilo C, McGlashan T, Quinlan D, et al. Frequency of Personality Disorders in Two Age Cohorts of Psychiatric Inpatients. *Am J Psychiatry*, 1998. 155:140–142.
20. Bender DS, Skodol AE, Pagano ME, et al. Prospective assessment of treatment use by patients with personality disorders. *Psychiatr Serv*. 2006. Feb; 57(2):254–7.
21. Torgersen S, Lygren S, Oien P, et al. A twin study of personality disorders. Comprehensive Psychiatry, 2000. 41:416–425.
22. Goodman M, New A, Siever L. Trauma, genes, and neurobiology of personality disorders. *Ann N Y Acad Sci*. 2004.Dec; 1032:104–16.
23. Zanarini M, Williams A, Lewis R, et al. Reported pathological childhood experiences associated with the development of borderline personality disorder. *Am J Psychiat*, 1997. 154:1101–1106.
24. Zanarini M, Lynne Y, Frankenburg F, et al. Severity of reported childhood sexual abuse and its relationship to severity of borderline psychopathology and psychosocial impairment among borderline inpatients. *J Nervous and Mental Disease*. 2002. 190:381–387.
25. Battle C, Shea M, Jonson D et al. Childhood maltreatment associated with adult personality disorders: findings from the Collaborative Longitudinal Personality Disorders Study. *J Personal Disord*, 2004. 18(2):193–211.
26. Shachnow J, Clarkin J, DiPalma C, et al. Biparental psychopathology and borderline personality disorder. *Psychiatry*. 1997. 60:171–181
27. Fonagy P, Leigh T, Steele M et al. The relation of attachment status, psychiatric classification and

response to psychotherapy. *Journal of Consulting and Clinical Psychology*, 1996. 64:22–31.

28. Soloff PH, Fabio A, Kelly T, et al. High lethality status in patients with borderline personality disorders. *Journal of Personality Disorders*, 2005. 19(4), 386–399.

29. Zanarini MC, Frankenburg FR, Hennen J, Silk KR. Mental health service utilization by borderline personality disorder patients and Axis II comparison subjects followed prospectively for 6 years. *J Clin Psychiatry*. 2004. 65(1):28–36.

30. Zanarini M, Frankenburg F, Vujanovic A, et al. Axis II comorbidity of borderline personality disorder: description of 6–year course and prediction to time–to–remission. *Acta Psychiatr Scand*. 2004. 110:416–420.

31. Zanarini M, Frankenburg F, Hennen J, et al. Axis I Comorbidity in inpatients with borderline personality disorder: *Am J Psychiatry*. 2004. 161:2108–2114.

32. First M, Spitzer R, Gibbon M, Williams J. *Entrevista Clínica Estructurada para los Trastornos del Eje I del DSM IV, SCID I*. Ed. Masson, Barcelona. 1999.

33. First M, Gibbon M, Spitzer R, et al. *Entrevista Clínica Estructurada para los Trastornos de la Personalidad del Eje II del DSM IV. SCID II*. Ed Masson, Barcelona. 1999.

34. Zanarini M, Frankenburg F, Hennen J, Silk K. The Longitudinal course or borderline psychopathology: 6–year prospective follow–up of the phenomenology of borderline personality disorder. *Am J Psychiatry*. 2003. 160:274–283.

35. Gunderson J, Bender D, Sanislow Ch et al. Plausibility and Possible Determinants of Student "Remissions" in Borderline Patients. *Psychiatry*. 2003. 66(2):111–119.

36. Zanarini MC, Frankenburg FR, Parachini EA. A preliminary, randomized trial of fluoxetine, olanzapina, and the olanzapina–fluoxetine combination in women with borderline personality disorder. *J Clin Psychiatry*, 2004. Jul;65(7):903–7

37. Hollander E, Swann AC, Coccaro EF, Jiang P, Smith TB (2005). Impact of trait impulsivity and state aggression on divalproex versus placebo response in borderline personality disorder. *Am J Psychiatry*. 2005. Mar; 162(3):621–4.

38. Loewe TH, Nickel MK, Muehlbacher M, et al. Topiramate treatment for women with borderline personality disorder: a double–blind, placebo–controlled study. *J Clin Psychopharmacol*. 2006. Feb;26(1):61–6.

39. Tritt K, Nickel C, Lahmann C et al. Lamotrigine treatment of aggression in female borderline patients: a randomized, double–blind, placebo–controlled study. *J Psychopharmacol*. 2005. May:19(3):287–91.

40. Nickel MK, Muehlbacher M, Nickel C, et al. Aripiprazol in the treatment of patients with borderline personality disorder: a double blind, placebo–controlled study. *Am J Psychiatry*, 2006. May; 163 (5):833–8.

41. Zanarini MC, Frankenburg FR. Omega–3 Fatty acid treatment of women with borderline personality disorder: a double blind, placebo controlled pilot study. *Am J Psychiatry*, 2003. Jan;160(1):167–9.

42. Roth A, Fonagy P. *What Works for Whom? A Critical Review of Psychotherapy Research*. Second Edition. The Guilford Press. London, 2005.

Tabla 1
TRASTORNO LÍMITE DE LA PERSONALIDAD DEL DSM IV TR

Se caracteriza por un patrón general de inestabilidad en las relaciones interpersonales, la autoimagen y la afectividad y una gran impulsividad, que se dan en diversos contextos, como lo indican 5 o más de los siguientes ítems:

1. Esfuerzos frenéticos para evitar el abandono.
2. Relaciones interpersonales inestables e intensas con alternancia de idealización y devaluación.
3. Alteración de la identidad con autoimagen inestable.
4. Impulsividad potencialmente autodestructiva o destructiva para los demás.
5. Conducta suicida y autolesiva.
6. Inestabilidad afectiva.
7. Sentimientos de vacío.
8. Irascibilidad.
9. Ideación paranoide y síntomas disociativos.

Tabla 2
GRUPOS DE TRASTORNOS
DE LA PERSONALIDAD DEL DSM IV TR

Grupo A: T. Paranoide, esquizoide y esquizotípico
(Raros ó excéntricos)

Grupo B: T. Antisocial, límite, histriónico y
narcisista.
(Dramáticos, emotivos o Inestables)

Grupo C: T. por evitación, por dependencia y
obsesivo compulsivo.
(Ansiosos ó temerosos)

Tabla 3
ORGANIZACIÓN LIMÍTROFE
DE LA PERSONALIDAD

1. Difusión de la identidad (Representaciones contradictorias de la autoimagen y de las imágenes de los otros),
2. Mecanismos defensivos primitivos (escisión, identificación proyectiva, negación, idealización primitiva, devaluación, omnipotencia y control omnipotente),
3. Prueba de realidad generalmente conservada, con fallas transitorias,
4. Sexualidad infiltrada de agresión (Ej. Sadomasoquismo) ó totalmente inhibida,
5. Agresión autodirigida y,
6. Sistema de valores primitivo con aspectos idealizados y persecutorios.

Tabla 4
CLASIFICACIÓN DE LOS TRASTORNOS
DE LA PERSONALIDAD DE KERNBERG
(De menor a mayor severidad)

1. Organización neurótica: obsesivo compulsivo, histérico y depresivo masoquista.
2. Organización limítrofe de nivel alto: evitativo[5], dependiente, histriónico, sadomasoquista y narcisista.
3. Organización limítrofe de nivel bajo: paranoide, hipomaniaco, esquizoide, límite, hipocondríaco, narcisista maligno, esquizoide, esquizotípico y antisocial.
4. Organización psicótica: psicosis atípicas.

---

[5] Kernberg colocó al t. evitativo sólo por deferencia al DSM IV TR, ya que todos estos trastornos, examinados a profundidad, resultan ser alguno de los otros trastornos limítrofes, por ejemplo, narcisista o esquizoide.

Tabla 5
MEDICINA BASADA EN VIDENCIA

Uso sensato, explícito y concienzudo, de la mejor evidencia disponible, para tomar decisiones acerca de la atención de los pacientes, mediante la integración de la pericia clínica y la información obtenida por la investigación sistemática.

Tabla 6
PREVALENCIA DE LOS TRASTORNOS
DE LA PERSONALIDAD EN LA COMUNIDAD
(N=2053)

1. Prevalencia general: 13.4%
2. Evitativo 5.0%
3. Paranoide 2.4%
4. Histriónico y obsesivo compulsivo, 2.0% cada uno
5. Esquizoide 1.7%
6. Dependiente 1.5%
7. Narcisista 0.8%
8. Antisocial y límite, 0.7% cada uno
9. Esquizotípico 0.6%.

Tabla 7
PREVALENCIA DE LOS TRASTORNOS
DE LA PERSONALIDAD EN PACIENTES
PSIQUIÁTRICOS AMBULATORIOS
Y HOSPITALIZADOS

1. En pacientes psiquiátricos ambulatorios
   1.1. Evitativo, 14.7%
   1.2. No especificado, 14.1%
   1.3. Límite 9.3%
   1.4. Obsesivo compulsivo 8.7%
   1.5. Paranoide, 4.2%,
   1.6. Antisocial, 3.6%,
   1.7. Narcisista, 2.3%,
   1.8. Esquizoide y dependiente, 1.4% cada uno,
   1.9. Histriónico, 1.0%,
   1.10. Esquizotípico, 0.6%,
2. En pacientes psiquiátricos hospitalizados
   (primero se da el resultado en adolescentes y
   luego en adultos):
   2.1 Límite (49%/43%)
   2.2. Dependiente (5%/15%)
   2.3. Evitativo (7%/13%)
   2.4. No especificado (12%/12%)
   2.5. Histriónico (7%/9%)
   2.6. Esquizotípico (6%/9%)
   2.7. Pasivo agresivo (20%/9%)
   2.8. Narcisista (4%/6%)
   2.9. Paranoide (6%4%)
   2.10. Obsesivo compulsivo (3%/3%)
   2.11. Esquizoide (1%/3%)

Tabla 8
ANTECEDENTES DE MALTRATO INFANTIL EN EL TRASTORNO LÍMITE DE LA PERSONALIDAD

1. Abuso físico.
2. Abuso sexual.
3. Omisión de cuidados.
4. Abuso sexual una vez por semana durante un año.
5. Con algún tipo de penetración y violencia.
6. Perpetradores el padre o persona conocida de la víctima.

Tabla 9
COMORBILIDAD DEL TLP CON TRASTORNOS DEL EJE I Y II

1. Con trastornos del Eje I
   1.1. Trastornos del estado de animo, 96.9%
   (86.6% era depresión mayor)
   1.2. Trastornos de ansiedad, 89% (58.3% era
   trastorno postraumático por estrés)
   1.3. Trastornos por uso de sustancias, 62.1%
   (50.3% era por alcohol)
   1.4. Trastornos de la conducta alimentaria, 53.8%
   (bulimia, 24.1%; anorexia, 21.7%)

2. Con trastornos del Eje II
   2.1. Trastorno evitativo, 59%
   2.2. Trastorno dependiente, 45%

Tabla 10
EVALUACIÓN DIAGNÓSTICA

1. Entrevista psiquiátrica.
2. Entrevista estructural de Kernberg.
3. Pruebas psicológicas.
4. Exámenes de laboratorio y de gabinete.
5. Entrevista Clínica Estructurada para hacer diagnósticos del DSM IV (SCID I y II).
6. SCL 90 R.
7. Escala de Evaluación Global del DSM IV TR.
8. Escalas de cada trastorno comórbido (Depresión de Beck, Ansiedad de Hamilton, etc.)

Tabla 11
PRONÓSTICO Y CURSO CLÍNICO A SEIS AÑOS

1) El 34.5% habían dejado de tener TLP a los 2 años
2) El 49.4% a los 4 años
3) El 68.6 a los 6 años
4) El 73.5% a los 6 años
5) Sólo el 5.9% tuvieron recurrencia
6) Sólo 33% tuvieron una hospitalización psiquiátrica.
7) 75% estaban todavía en psicoterapia y farmacoterapia.

Tabla 12
TRATAMIENTOS PARA EL TRASTORNO LÍMITE DE LA PERSONALIDAD BASADOS EN EVIDENCIAS

1. Terapia Dialéctico Conductual.
2. Psicoterapia Focalizada en la Transferencia.
3. Psicoterapia Basada en la Mentalización.
4. Fluoxetina, valproato, olanzapina, aripiprazol, topiramato, lamotrigina y omega 3.

Tabla 13
GUÍA DE LA APA PARA EL TRATAMIENTO

1. Iniciar la psicoterapia y la farmacoterapia.
2. Contener la conducta suicida.
3. Eliminar el uso de alcohol y drogas.
4. Responder a las crisis.
5. Vigilar la seguridad del paciente.
6. Mantener el encuadre y los límites entre paciente y terapeuta.
7. Fomentar la alianza terapéutica.
8. Psicoeducación a la paciente y su familia.
9. Coordinar el equipo de clínicos y terapeutas.
10. Evaluar el progreso de la paciente.
11. Revisar la efectividad del plan de tratamiento.
12. Manejar la escisión en la paciente, la familia y el equipo de tratamiento.

Tabla 14
EQUIPO Y RECURSOS DE TRATAMIENTO

1. Psiquiatra.
2. Psicoterapeutas individuales y de grupo.
3. Terapeutas de adicciones y trastornos de la conducta alimentaria.
4. Terapeutas auxiliares (para rezagos académicos, laborales, de habilidades sociales).
5. Grupos de autoayuda (AA, Alanon, Violencia Familiar, Abuso Sexual, Comedores compulsivos).
6. Hospital general ó psiquiátrico.

3. PSICOTERAPIA PARA EL TRASTORNO LÍMITE DE LA PERSONALIDAD

INTRODUCCIÓN

En este capítulo presentamos un resumen de los tres tipos de psicoterapia manualizadas para el trastorno límite de la personalidad (TLP) que han mostrado eficacia en ensayos clínicos controlados (Tabla 1), junto con los principales reportes de sus resultados y una discusión general de sus propuestas. Estas psicoterapias son la Psicoterapia Focalizada en la Transferencia (PFT), de Clarkin, Yeomans y Kernberg (2006), la Psicoterapia Basada en la Mentalización (PBM), de Bateman y Fonagy (2005) y la Terapia Dialéctico Conductual (TDC) de Linehan (1993). Los resúmenes de las psicoterapias se basaron en los manuales publicados por los autores. La búsqueda de los ensayos clínicos se realizó en el sitio electrónico de la Biblioteca Nacional de Medicina de los EUA (www.pubmed.gov), rastreando sólo ensayos clínicos controlados, ensayos clínicos y revisiones, utilizando como palabras de búsqueda "borderline personality disorder". Las investigaciones que seleccionamos las escogimos con los siguientes criterios:

1) que tuvieran relevancia para el avance del tratamiento, la planeación de investigaciones e impacto en las políticas de salud,
2) de preferencia que fueran ensayos clínicos controlados, ó bien ensayos clínicos y revisiones con buena metodología,
3) que la selección de pacientes se haya hecho con el SCID I y el SCID II del DSM IV,
4) que especificaran los objetivos de cambio en la psicopatología,
5) que la intervención terapéutica estuviera justificada y bien especificada tanto de la psicoterapia como de la farmacoterapia,

6) que usara instrumentos de medición debidamente validados, aplicados al inicio, durante, al final de la intervención y en el seguimiento,

7) que mostrara el análisis estadístico de los datos y,

8) que hicieran una discusión pertinente de los resultados, limitaciones y aplicaciones del estudio (Tabla 2).

Las tres psicoterapias mencionadas han sido manualizadas con fines de investigación y como guía para los terapeutas. Los manuales tienen alrededor de 400 páginas, dos de ellas (TDC y PBM) cuentan con cuadernos de ejercicios para pacientes y terapeutas y Linehan ha realizado videos educativos sobre la manera de aplicar la TDC. Los autores de las terapias señalan que los terapeutas experimentados pueden adaptar las recomendaciones de los manuales a su práctica cotidiana y los terapeutas jóvenes, como residentes en psiquiatría y estudiantes de postgrado de psicoterapia, en general requieren la guía de un experto y supervisión de las sesiones, de preferencia usando videograbaciones. Aunque estas psicoterapias han sido diseñadas para el trastorno límite de la personalidad, en la práctica son aplicables a la mayoría de los llamados trastornos con organización limítrofe de la personalidad (Tabla 3).

Estas psicoterapias siempre deben aplicarse después de haber realizado una evaluación clínica amplia que sea el sustento del plan de tratamiento y dentro de un equipo capacitado. El coordinador del equipo será el responsable de:

1) iniciar las medidas psicoterapéuticas y farmacológicas,

2) contener la conducta suicida, eliminar el uso de alcohol y drogas, responder a las crisis y vigilar la seguridad del paciente,

3) mantener el encuadre, establecer los límites entre paciente y terapeuta y fomentar la alianza terapéutica,

4) ofrecer educación sobre el padecimiento al paciente y su familia, coordinar el equipo de clínicos y terapeutas, evaluar el progreso de la paciente y revisar la efectividad del plan de tratamiento y

5) manejar las escisiones en el terapeuta, el equipo de tratamiento y la familia del paciente (Tabla 4).

Es necesario aclarar que el resumen más completo es el de la psicoterapia focalizada en la transferencia porque en ella nos hemos capacitado, es la que aplicamos en la clínica y de la que hemos realizado investigaciones en México. La psicoterapia basada en la mentalización apenas empezamos a estudiarla y tenemos poca experiencia con ella. La terapia dialéctico conductual sólo la conocemos por las lecturas de su manual y de las investigaciones que han sido reportadas.

Al final de este capítulo incluimos un intento de integración de las aportaciones de la terapia dialéctico conductual y la psicoterapia basada en la mentalización a nuestra forma de trabajar con la psicoterapia focalizada en la transferencia.

PSICOTERAPIA FOCALIZADA
EN LA TRANSFERENCIA

La Psicoterapia Focalizada en la Transferencia (PFT) es un tipo de psicoterapia psicodinámica diseñada específicamente para el tratamiento de los trastornos de la personalidad con organización limítrofe. Fue desarrollada por Kernberg y su grupo en la Universidad de Cornell, después de más de 25 años de experiencia con estas pacientes. Se aplica en dos sesiones a la semana de 45 minutos de duración cada una, con lo que es posible lograr la remisión de la impulsividad y de la inestabilidad afectiva en seis meses y de la alteración de la identidad en 12 a 18 meses. La PFT está indicada en pacientes limítrofes ambulatorios de una severidad de leve a moderada.

Bases teóricas
La PFT está basada en la teoría de las relaciones objetales de la psicología del yo de Kernberg (López D, 2004). Esta teoría (Kernberg y Caligor, 2005) postula que el trastorno límite de la personalidad tiene una organización caracterizada, entre otros aspectos, por la falla en la integración de relaciones objetales parciales de tipo persecutorio e idealizadas, debido a la operatividad de mecanismos defensivos primitivos (Escisión, negación, identificación proyectiva, idealización, devaluación, control omnipotente.) Estas relaciones objetales parciales se definen mejor como díadas y están formadas por una autoimagen, un afecto y una imagen del otro, que en el caso de la díada persecutoria es "Víctima–odio–victimario" y en la idealizada es "Rescatada–amor incondicional–Rescatador. Kernberg ha propuesto que esta

falla en la integración de las relaciones objetales parciales persecutorias e idealizadas es resultado de una agresión exagerada constitucional que impide el proceso normal de separación–individuación de Mahler.

Meta

La meta de la PFT es integrar las díadas persecutorias e idealizadas para alcanzar una autoimagen y una imagen de los otros que sea madura y funcional.

Técnicas, tácticas y estrategias

La técnica principal de esta psicoterapia es el análisis sistemático de la transferencia de la paciente con la guía de la contratransferencia del terapeuta. Para ello se usan la aclaración, confrontación e interpretación de lo ocurrido en la sesión y en la vida cotidiana de la paciente, en la fase inicial, a lo que se agregan interpretaciones sobre las relaciones de esas conductas con el pasado infantil, en las fases media y avanzada.

El análisis de la transferencia debe hacerse de acuerdo a ciertas tácticas, que son: seguir una jerarquía de prioridades temáticas en cada sesión, mantener el encuadre, eliminar la ganancia secundaria, bloquear la impulsividad e intervenir con neutralidad técnica. En cada sesión se buscan (en las verbalizaciones de la paciente, en su conducta no verbal y en la contratransferencia del terapeuta) y se trabajan activamente las amenazas suicidas u homicidas, las amenazas a la continuidad del tratamiento, el ocultamiento de información, las transgresiones al contrato y la impulsividad.

Las estrategias son el conjunto de intervenciones que deben realizarse a lo largo de todo el tratamiento y son las siguientes:

1. Definir las díadas dominantes (Conceptualizar las acciones impulsivas y los afectos primitivos en términos de díadas.)

En una sesión típica, el terapeuta pregunta a la paciente qué tema, de los encontrados en la evaluación y señalados en el contrato, quiere examinar en la sesión. Se le recuerda que el trabajo consiste en que los describa con amplitud, señalando sus observaciones sobre ella misma, sobre sus personas significativas y lo que imagine que piensa y siente el terapeuta ante esos relatos. En general la paciente presenta en forma rápida, superficial y escindida, varios de los temas prioritarios. Esto provoca sentimientos intensos de confusión en el terapeuta cada vez que intenta trabajar con uno de los temas. En este momento el terapeuta debe seguir estos pasos:

1.1. Experimentar y tolerar la confusión

La confusión del terapeuta se debe a la acción de la identificación proyectiva de la paciente, que lo presiona a identificarse en forma alternante con los roles de la autoimagen y de la imagen del otro de las diferentes díadas y a experimentar el afecto que las une. El terapeuta debe señalar la confusión y pedirle a la paciente que describa los sentimientos, pensamientos y conductas (Aclaración) que observa en ella misma, en sus personas significativas y lo que imagina que ocurre en el terapeuta. La respuesta en general es de negación y de intensificación de la escisión y de la identificación proyectiva, de modo que el terapeuta siente aún más la confusión, pero también recoge más datos del tema dominante, que es el que empiece a delinearse con mas claridad en la mente del terapeuta. En la fase temprana de la terapia, el terapeuta inicialmente siempre es visto como victimario y la paciente como víctima en interacciones llenas de odio. Los roles de esta díada cambian en la misma sesión ó en sesiones sucesivas de modo que, en forma escindida, la paciente victimiza y odia al terapeuta y el terapeuta se identifica (o sufre) el rol de víctima odiada. También en una misma sesión o en sesiones subsecuentes, la díada victimario–odio–víctima, cambia súbitamente y se activa la díada terapeuta rescatador–amor incondicional–paciente rescatada y luego se invierten los roles a paciente rescatadora–amor incondicional–terapeuta rescatado.

1.2. Identificar las díadas dominantes

Cuando el terapeuta ha identificado el tema dominante, le dice a la paciente que en la sesión está ocurriendo una interacción, por ejemplo, victimario–víctima llena de odio, o bien de rescatador–rescatada, llena de amor incondicional, que es necesario empezar a trabajar. Ante esto se intensifica la operatividad de la escisión, identificación proyectiva, negación, alternancia de roles y de díadas. Esto provoca de nuevo confusión en la paciente y el terapeuta. En este momento se hacen confrontaciones de la confusión y de la resistencia a empezar a definir los componentes de las díadas. La respuesta de la paciente siempre incluye resistencias y avances en la comprensión del papel que juega la confusión, las escenificaciones de las díadas y la relación de esto con las dificultades que la llevaron a la terapia. Con esos elementos se hacen interpretaciones, que consisten en formulaciones que hace el terapeuta acerca de las características de todos los elementos y de la relación dinámica entre ellos, en especial en cuanto a las posibilidades de avance, estancamiento o empeoramiento que pueden ocurrir en el tratamiento.

1.3. Dar nombre a los actores.

Una vez que se ha definido cual es el tema dominante se pasa a explorar una de las escenas donde este se haya manifestado con más claridad dentro de las sesiones y en la vida cotidiana de la paciente. Es preferible usar la escena que motivó la terapia, la más reciente o la más grave de las que hayan ocurrido en las últimas semanas. Lo que se busca es caracterizar a los actores con los adjetivos y verbos necesarios para reconocerlos cada vez que reaparecen. En este trabajo se van identificando los principales temas transferenciales que serán el foco del tratamiento. Una vez que se ha logrado un acuerdo con la paciente en cuanto a las características y acciones de cada actor de la díada, es necesario dar un nombre o una etiqueta que la defina y se procede a lo siguiente:

1.4. Atender la reacción de la paciente

A pesar de que haya colaborado y de que parezca estar de acuerdo con la caracterización y el nombre de la díada, la paciente puede negar la validez del trabajo realizado, proyectar toda la escena a otros personajes, negarla verbalmente y representarla vívida y masivamente en la transferencia o actuarla fuera de las sesiones.

2. Observar e interpretar la inversión de roles dentro de la díada dominante

Al completar las tareas anteriores y presentarse la inversión de roles, se repiten todos los pasos señalados, pero desde la perspectiva de los roles invertidos.

3. Observar e interpretar la alternancia defensiva entre la díada víctimario–odio–víctima y rescatador–amor incondicional–rescatado.

Para esto es necesario ir describiendo ambas díadas y la alternancia que se presenta cuando no toleran hablar de una de ellas. Esto, en forma progresiva, da lugar al paso siguiente.

4. Elaborar la capacidad de la paciente para poder ver en forma diferente una relación interpersonal.

En el proceso de identificar las díadas y de trabajar reiteradamente con la inversión de los roles y la alternancia de las díadas, las pacientes van adquiriendo la capacidad para poder ver en forma diferente sus relaciones interpersonales y la relación con el terapeuta, con lo que se produce en forma progresiva la maduración e integración de las díadas persecutorias e idealizadas (Tabla 3).

INVESTIGACIONES SOBRE LA PSICOTERAPIA FOCALIZADA EN LA TRANSFERENCIA

En esta sección presentamos cinco estudios sobre la psicoterapia focalizada en la transferencia. Uno realizado por los creadores de la terapia, los doctores Kernberg, Clarkin y Yeomans, dos estudios cuantitativos y uno cualitativo de nuestro grupo y otros hechos en Maastricht, Holanda.

1. Clarkin, Foelsch, Levy, et al (2001) estudiaron a 23 mujeres con TLP tratadas con esta terapia. Se hicieron mediciones al empezar y a los 12 meses de tratamiento. Comparado con el año previo al tratamiento, el número de pacientes que intentaron suicidarse se redujo significativamente e igual ocurrió con la letalidad de esa conducta. Se redujo la utilización de servicios médicos en cuanto a visitas a las salas de emergencia, hospitalizaciones y días de hospitalización. En este estudio observaron que la impulsividad mejora a los tres meses, la inestabilidad afectiva a los seis meses y la alteración de la identidad se modificó muy poco con el año de tratamiento. La tasa de deserciones fue de 19.1%.

El grupo de Clarkin y Kernberg está realizando una investigación controlada para comparar los resultados de la psicoterapia focalizada en la transferencia, la psicoterapia psicodinámica de apoyo, la farmacoterapia y la terapia dialéctico conductual, del cual aún no se publican resultados.

2. En México, nuestro grupo hizo un ensayo clínico observacional prospectivo (Cuevas et al, 2000) acerca de los años de experiencia de los terapeutas y los cambios en la psicopatología de 19 pacientes (15 mujeres y cuatro varones con TLP al aplicarles la psicoterapia focalizada en la transferencia (PFT) durante un plazo de dos años. Los

cuatro terapeutas experimentados tenían un promedio de 12 años de experiencia (D.E.=1.15) y 10 terapeutas noveles tenían un promedio de 4.67 años de experiencia (D.E.=4.23). Los resultados de ese estudio fueron:

   a) de los 19 pacientes, 8 (42.1%) abandonaron el estudio antes de las 48 sesiones y 11 (57.8%) llegaron a las 72 sesiones; de estos 11, ocho (42.1%) llegaron a las 96 sesiones, 6 (31.5%) a las 144 sesiones y sólo cuatro a las 168 sesiones (21 meses),

   b) las 11 (57.8%) pacientes que llegaron a las 72 sesiones dejaron de cumplir los criterios del tlp, por lo que reportamos un análisis estadístico sólo de esas 11 pacientes, en los cuales:

      1) hubo una reducción en la severidad de todos los criterios,

      2) después de 24 sesiones desaparecieron los criterios de impulsividad; después de 48 sesiones casi desaparecieron los criterios de inestabilidad afectiva, pero no se modificaron las alteraciones de identidad, ni siquiera en los cuatro pacientes que permanecieron cerca de dos años en tratamiento,

      3) la ganancia porcentual de la Escala de Evaluación de la Actividad Global al ingresar y a las 72 sesiones fue de 70% y,

      4) no se observaron diferencias significativas en la mejoría de los pacientes de acuerdo con el tipo de terapeuta asignado.

3. Las características clínicas de 11 mujeres del estudio anterior, fueron reportadas en otro trabajo (Cuevas et al, 2004), que arrojó las siguientes observaciones:

1) dos pacientes, de 23 y 26 años de edad fueron separadas del estudio porque no aceptaron ser tratadas, una de adicción a las benzodiacepinas y otra de epilepsia temporal,
2) una paciente de 24 años de edad, que inició la terapia al salir de prisión por asalto a mano armada (antes había lesionado a su novio en el pene con un cuchillo), desertó después de tres meses de tratamiento con poca mejoría,
3) la única paciente que tenía intentos y amenazas suicidas, de 21 años de edad, dejó esa conducta desde el inicio de la terapia y no los había repetido dos años después de terminado el tratamiento,
4) de las dos pacientes, una de 17 y otra de 26 años de edad, que tenían impulsividad sexual, la primera mejoró muy poco y la segunda tuvo una recuperación completa corroborada a los dos años de terminado el tratamiento,
5) las cinco pacientes restantes, de 33, 36, 42, 45 y 52 años de edad, que iniciaron la terapia por impulsividad con maltrato físico a sus hijos, tuvieron una mejoría significativa con el apoyo de la asistencia a un grupo de autoayuda para padre que golpeaban a sus hijos.

4. En otro estudio prospectivo y descriptivo de nuestro grupo (López et al, 2004) analizamos los resultados del tratamiento en 10 mujeres que recibieron 48 sesiones de esta terapia. Las terapeutas (Siete mujeres y un solo hombre) que trataron a las pacientes recién habían terminado su segundo año de la maestría en psicoterapia. Se les capacitó con un curso teórico de 20 horas. Todas las sesiones fueron videograbadas y estas videograbaciones fueron supervisadas cada semana por

expertos. En estas supervisiones se comprobó que las terapeutas sí se adhirieron al manual de tratamiento. Las tres pacientes que habían tenido intentos suicidas, no los repitieron; las que habían tenido varias hospitalizaciones psiquiátricas, no volvieron a internarse; y al completar 24 sesiones desaparecieron las amenazas suicidas. De las siete pacientes que no estudiaban y no trabajaban, seis reanudaron sus actividades al terminar la terapia. El único caso que necesitó apoyo telefónico de los supervisores fue la familia de una paciente que ingirió cáusticos, por lo que se le practicó una gastrectomía. A las 24 sesiones dejaron de cumplirse los siguientes criterios: los de impulsividad en nueve pacientes; los de inestabilidad afectiva en dos y los de alteraciones de identidad en tres. A las 48 sesiones, la décima paciente dejó de tener impulsividad y otras seis dejaron de tener inestabilidad afectiva. No hubieron otras que dejaran de cumplir los criterios de alteración de identidad y sólo una paciente dejó de tener presentes los cinco criterios necesarios para el diagnóstico de TLP. En el análisis estadístico se observó que las medias, tanto del SCL 90 como de la EEAG, mostraron cambios positivos y significativos al comparar las puntuaciones iniciales con las obtenidas a las 24 y 48 sesiones, e igual sucedió al comparar las mediciones de la EEAG, obtenidas a las 24 y 48 sesiones.

5. El grupo de la Universidad de Maastricht (Giesen–Bloo J, van Dyck R, Spinhoven P et al, 2006) reportó un estudio multicéntrico, aleatorizado, en un diseño de dos grupos, realizado en cuatro centros de salud mental comunitarios, que comparó la terapia focalizada en los esquemas, un tipo de terapia cognitiva, con la psicoterapia focalizada en la transferencia, en dos sesiones por semana, como tratamiento durante tres años de 88 pacientes con trastorno límite de la

personalidad. Encontraron que ambos tratamientos fueron efectivos para reducir la psicopatología del TLP y mejorar la calidad de vida y que la terapia focalizada en esquemas fue más efectiva que la PFT en todas las mediciones.

Lo cierto es que resulta difícil comparar tratamientos, aunque sea para la misma patología limítrofe pero que tienen metas y objetivos diferentes (cognitivo ó dialéctico versus psicodinámico.) Desafortunadamente, esta última investigación no contó con una clara y rigurosa supervisión de los terapeutas que impartieron la PFT. Sin embargo lo importante es poder comparar cómo ambos tratamientos han demostrado eficacia en la reducción de síntomas y en la mejoría del funcionamiento global. Clarkin, *et. al* (2001) ya demostraron que la PFT es útil para reducir el numero de días de internamiento hospitalario así como la reducción en síntomas parasuicidas e intentos suicidas. La mayoría de los pacientes que se atendieron bajo un tratamiento focalizado en los esquemas mostraron mayor apego al mismo, mientras que los pacientes tratados con la PFT presentaron una tendencia mayor a abandonar el tratamiento. Lo que si se hace evidente es la necesidad imperiosa de continuar esta clase de estudios, con miras a encontrar cuales son los procesos terapéuticos que fomentan el cambio mas que señalar qué psicoterapia funciona mas que otra, pues es consistente el hallazgo que la gran mayoría ayudan al paciente en mayor o menor escala.

PSICOTERAPIA BASADA
EN LA MENTALIZACIÓN

La psicoterapia basada en la mentalización para el trastorno límite de la personalidad (Bateman y Fonagy, 2005) fue desarrollada y manualizada en la universidad de Londres. Esta psicoterapia está basada en la teoría del apego de Bowlby (1988) que luego fue desarrollada por Fonagy (2001.) Está diseñada para ser aplicada a pacientes de ambos géneros con trastorno límite grave, en programas de hospital de día u hospitalización completa, donde en alrededor de 18 meses se producen remisiones significativas de la psicopatología y mejoría en la adaptación social de estos pacientes. El tratamiento se hace en una comunidad terapéutica e incluye sesiones de terapia individual, terapia de grupo, medicación y terapias auxiliares para adicciones, trastornos alimentarios, habilidades sociales y otras. El equipo de terapeutas está formado por psicólogos clínicos, enfermeras psiquiátricas, trabajadoras sociales psiquiátricas y residentes de psiquiatría bajo supervisión por expertos. Esta psicoterapia ha probado ser más efectiva y menos costosa que el tratamiento psiquiátrico usual (Bateman A, Fonagy P, 1999, 2001, 2003) para pacientes con trastorno límite de la personalidad. El tratamiento puede ser aplicado por profesionales de la salud mental con amplia experiencia en los tratamientos psiquiátricos y que tengan interés y algún conocimiento sobre las técnicas psicoanalíticas.

Bases teóricas

Alrededor de 1990, Fonagy y cols. (1991, 1993) empezaron a estudiar con métodos empíricos el tipo de apego de niños y padres en distintas situaciones clínicas, entre ellas en pacientes con trastorno límite de la personalidad. Encontraron que el apego de estos pacientes es del tipo preocupado, confuso, temeroso y agobiado y que además no tienen resueltas sus experiencias traumáticas por el maltrato infantil que casi todos habían sufrido. Además observaron que la mayoría de estos pacientes tenían una ausencia o incapacidad para la regulación emocional, el control atencional y la mentalización (tabla 7).

La mentalización es el proceso mental explicito e implícito con el que un individuo interpreta las acciones propias y de los otros en base a estados mentales intencionales tales como deseos, necesidades, sentimientos, creencias y razones personales. Es una función de la corteza prefrontal y de hecho es una psicología popular que usa la gente para entender su conducta y la de los demás. La capacidad de mentalización es el resultado de la función reflexiva, que a su vez es la interpretación plausible del comportamiento propio y de los demás en términos de estados mentales subyacentes.

La función reflexiva se adquiere en la interacción con los padres o cuidadores cuando estos son capaces de reflexionar, en forma tranquila y alegre, con los estados emocionales, cognitivos y conductuales del bebé, de manera que este pueda reconocerlos como propios, aprender a regularlos y a utilizarlos en el entendimiento de si mismo y de los demás.

El control atencional sobre las respuestas emocionales hiperintensas, la impulsividad y la desorganización cognitiva, es indispensable para aprender a regular esas reacciones. Igual que la función reflexiva, el control atencional es un requisito para que el niño y luego el adulto puedan mentalizar sus experiencias y las de los demás. Cuando falla la función reflexiva de los padres o cuidadores, lo que el niño internaliza es una autoimagen ajena, que es una representación mental con funciones cognitivas, afectos y disposiciones conductuales caóticas y primitivas, que es lo que el bebé percibió en sus padres incapaces de reflexionar con tranquilidad y alegría ante los momentos de hiperalertamiento del bebé. Esta autoimagen ajena se mantiene escindida de la autoimagen real del sujeto por lo que no es utilizable para entenderse a sí mismo y a los demás y lo más importante desde el punto de vista psicopatológico es que esa autoimagen ajena se convierte en una fuente permanente de afectos, impulsos y conductas no reguladas y que son la causa de las manifestaciones impulsivas (autolesiones, intentos suicidas, pleitos físicos, abuso de sustancias), de inestabilidad emocional (tormentas afectivas, ira intensa) y desorganización cognitiva (alteración de la identidad, ideas paranoides, episodios disociativos, psicosis transitorias) de estos pacientes.

Durante el desarrollo, una vez internalizada esa autoimagen ajena, el niño constantemente hace esfuerzos desesperados por expulsarlo y colocarlo en la mente de sus padres o cuidadores a los que intenta controlar en forma tiránica, con objeto de tener la ilusión de manejarlo en la persona de aquellos. Con esto, a veces se coloca en situación de víctima y permite el maltrato o bien él mismo actúa como victimario de sus personas significativas. Estas dinámicas continúan activas en la adolescencia y edad adulta y por supuesto se escenifican en las interacciones con el personal de salud. Los mecanismos de defensa que permiten ese tipo de interacciones han sido conocidos desde los escritos de

Melanie Klein y son la escisión, identificación proyectiva, negación, idealización, devaluación y otros.

Meta
La meta del tratamiento es fortalecer la autoimagen de la paciente para que pueda desarrollar relaciones interpersonales más seguras.

Estrategias
1. Promoviendo la mentalización
   La postura mentalizadora es la habilidad del terapeuta de preguntar continuamente cuáles estado mentales internos tanto en su paciente como en sí mismo pueden explicar lo que está sucediendo en la sesión.

2. Cerrando brechas
   Existe un vacío entre la experiencia afectiva primaria del paciente límite y su representación simbólica. A este vacío se le tiene que construir un puente para que el proceso reflexivo se desarrolle con la visión de fortalecer el sistema representacional secundario.

3. Transferencia
   Con los pacientes límite, la transferencia no se utiliza como una simple repetición del pasado o como un desplazamiento y no debería ser interpretada de esa manera. La transferencia es experimentada como real, precisa y actual y necesita ser aceptada por el equipo de tratamiento de la misma forma.

4. Manteniendo la cercanía mental

Mantener la cercanía mental es comparable al proceso por el cual la respuesta empática del cuidador da retroalimentación al infante de su estado emocional para permitir el progreso del desarrollo. La tarea del terapeuta es representar de forma precisa el estado sentimental del paciente y las representaciones internas que lo acompañan.

5. Trabajando con los estados mentales actuales

El foco necesita estar en el estado mental actual y en cómo este permanece influido por eventos del pasado, más que en el pasado en sí. Si el paciente vuelve de manera persistente al pasado, el terapeuta necesita vincular este pasado con lo que ocurre en el "aquí y ahora" de la sesión y de la vida cotidiana del paciente.

6. Teniendo en mente las limitaciones

Las pacientes límite pueden parecer capaces, consideradas, sofisticadas y exitosas y aún así es bien sabido que su tasa de desempleo es similar a la observada en la esquizofrenia. A la vez que es importante reconocer las fortalezas de todas las pacientes, es igualmente vital entender sus debilidades, de otra manera los terapeutas desarrollan expectativas irreales, anticipan mejorías rápidas y establecen metas inapropiadas.

7. Relaciones reales

Las pacientes limítrofes desean profundamente relaciones terapéuticas que tengan carga emocional, que sean de apoyo, aceptantes, especiales y personales. Existe el peligro de que el terapeuta responda a estas demandas alejándose de la paciente ó permitiendo que desaparezca la diferencia entre una relación terapéutica y una relación íntima de la vida cotidiana.

Técnicas del tratamiento

1. Identificación y expresión apropiada del afecto

Esto se hace clarificando y nombrando los afectos continuamente, comprendiendo el detonador inmediato de los estados emocionales dentro de las relaciones actuales, entendiendo los sentimientos en el contexto de relaciones pasadas y presentes, expresando apropiada, adecuada y constructivamente los sentimientos dentro del contexto de una relación con el equipo de tratamiento, en la sesión individual y en la terapia de grupo y comprendiendo la respuesta probable del miembro del equipo involucrado en la interacción.

2. Establecimiento de sistemas representacionales estables

La manera de realizarlo es enfocar los estados mentales actuales, hacer una jerarquía de estos de acuerdo a su complejidad, no asumir que la paciente puede trabajar fluidamente con ellos y volver a trabajarlos continuamente aunque ya se hayan examinado y parezcan estar bien entendidos.

3. Formación de un sentido coherente del autoconcepto

A lo largo de todas las sesiones se deben enfocar los estados del autoconcepto y las percepciones de la mente de los demás, al tiempo que se monitorean las respuestas contratransferenciales del terapeuta, se detectan las transferencias y se validan las percepciones adecuadas de otros o del terapeuta, tratando de comprender cómo las acciones ó sentimientos de los demás fueron parcialmente inducidos por el paciente.

4. Desarrollo de una capacidad de formar relaciones seguras

Una forma de promover esta capacidad es enfocarse en las relaciones interpersonales actuales y pasadas, identificando elementos constructivos y destructivos, explorando síntomas y comportamientos con relación al mundo interpersonal, identificando relaciones que son positivas y que evocan placer y discutiendo a quien acude el paciente cuando se siente preocupado para explorar el efecto de esa interacción.

INVESTIGACIONES SOBRE LA PSICOTERAPIA
BASADA EN LA MENTALIZACIÓN

En este apartado se resumen dos investigaciones realizadas hasta ahora sobre la psicoterapia basada en la mentalización, comparándola con el tratamiento psiquiátrico usual. La primera fue sobre pacientes con trastorno límite de la personalidad y la segunda sobre todos los trastornos de la personalidad.

1. La primera investigación (Bateman y Fonagy, 1999) comparó la eficacia de la psicoterapia basada en la mentalización versus el tratamiento psiquiátrico usual en 38 pacientes límites asignados al azar a esos tratamientos. El tratamiento basado en la mentalización incluía psicoterapia psicoanalítica de grupo e individual con una duración máxima de 18 meses. Las mediciones de los resultados fueron sobre la frecuencia de los intentos suicidas y de los actos autolesivos, el número y la duración de las hospitalizaciones completas, el uso de medicación y los índices de escalas de depresión, ansiedad, severidad sintomática, funcionamiento interpersonal y ajuste social.

Los pacientes tratados en el programa de hospitalización parcial mostraron una disminución significativa en todas las mediciones, en contraste con el grupo control que solo mostró cambios limitados o deterioro en el mismo periodo. La mejoría en los síntomas depresivos, la disminución de los actos suicidas y autolesivos, la reducción en los días de hospitalización y el mejor ajuste social e interpersonal empezó a los 6 meses y continuó hasta el final del tratamiento a los 18 meses. Con esto concluyeron que la hospitalización parcial es superior al tratamiento psiquiátrico usual para pacientes con trastorno límite de la personalidad.

El tratamiento comprendía, a la semana, una sesión de psicoterapia psicoanalítica individual y tres sesiones de psicoterapia de grupo, una hora con el coordinador del equipo y una sesión para revisión de la medicación por el residente de psiquiatría. Las sesiones de psicoterapia de grupo las impartían enfermeras psiquiátricas supervisadas y la terapia individual estaba a cargo de psicoterapeutas psicoanalíticos experimentados. La estancia promedio fue de 1.45 años. Las mediciones se hicieron cada tres meses con el SCL–90, la Escala de Adaptación Social de Weissman, la Escala de Beck y otras.

En otro reporte de ese mismo estudio (Bateman y Fonagy, 2001) investigaron si la mejoría de esos mismos pacientes se mantenía después de 18 meses de terminado el tratamiento. Para esto se les realizaron las mismas mediciones cada tres meses después del período de tratamiento. Observaron que los pacientes que completaron el programa de hospitalización parcial no solamente mantuvieron las ganancias sustanciales, sino que mostraron una mejoría progresiva y significativa en la mayoría de las mediciones en contraste con los pacientes con el tratamiento psiquiátrico usual, que solo mostraron cambios limitados. Los costos del tratamiento propuesto por Bateman y Fonagy (2003) se analizaron y se encontró que eran menores a los del tratamiento psiquiátrico usual.

2. La segunda investigación (Chiesa, Fonagy, Holmes y Drahorad, 2004) estudió 143 pacientes con trastornos de la personalidad. 49 pacientes recibieron tratamiento en un programa de hospitalización completa de 12 meses de duración sin terapia de mantenimiento posterior; 45 pacientes fueron tratados con hospitalización completa por seis meses, seguidos de 12 a 18 meses de psicoterapia psicoanalítica de grupo y 6 a 9 meses de

manejo por enfermeras psiquiátricas en la comunidad. El grupo control consistió en 49 pacientes tratados ambulatoriamente por psiquiatras experimentados del distrito donde se realizó el estudio.

A los 24 meses, los pacientes del primer grupo tuvieron mejorías significativas en la severidad de sus síntomas, la adaptación social y el funcionamiento global, pero no tuvieron cambios en los actos autolesivos, los intentos suicidas y las tasas de readmisión al hospital. Los pacientes del segundo grupo tuvieron mejorías en todas las mediciones. Los pacientes del tercer grupo no tuvieron mejorías en ninguna de las variables medidas excepto en la conducta autolesiva y en la tasa de readmisiones al hospital.

TERAPIA DIALÉCTICO CONDUCTUAL

Introducción
La Terapia Dialéctico Conductual (TDC) fue diseñado por Marsha Linehan (1993) en la Universidad de Washington (Seattle) para tratar a mujeres con trastorno límite de la personalidad que intentan suicidarse y hacerse cortes en la piel en forma repetida. Luego ha sido aplicado a pacientes de ambos géneros y con comorbilidad con las adicciones (Linehan M, Schmidt H, Dimeff L, et al, 1999; van den Bosch LM, Koeter MW, Stijnen T, Verheul R, van den Brink W., 2005).

La terapia está basada en una teoría biosocial del trastorno límite de la personalidad y su tratamiento se hace con técnicas cognitivo conductuales, dialécticas y de la práctica del Zen. Esta modalidad ha demostrado eficacia en ensayos clínicos controlados y su costo es efectivo (Linehan M, Heard H, 1997) con un año de sesiones semanales individuales y grupales, usando terapeutas graduados ó estudiantes de psicoterapia supervisados.

Bases teóricas
La teoría biosocial sostiene que las pacientes con TLP se caracterizan por:
1) Vulnerabilidad emocional biológica con dificultades para regular las emociones negativas, incluyendo una alta sensibilidad a los estímulos con respuestas exageradas y un lento retorno a la línea emocional basal. Esto puede incluir una tendencia a culpar al ambiente social de hacerle exigencias y demandas irreales.

2) Auto–invalidación de sus respuestas emocionales, pensamientos, creencias y conductas. Puede incluir vergüenza, odio y rabia a sí mismas.

3) Crisis implacables, frecuentes, estresantes, con eventos negativos incesantes, disrupción de relaciones interpersonales o pleitos frecuentes. Algunas de las crisis son causadas por el estilo de vida de ellas, otras por ambientes sociales inadecuados y muchas sólo por azar.

4) Duelos no elaborados con tendencia a inhibir y controlar las emociones negativas asociadas con las pérdidas, como tristeza, rabia, culpa, vergüenza, ansiedad y pánico.

5) Pasividad activa como estilo de resolución de problemas interpersonales y de la vida diaria, junto con peticiones inapropiadas de ayuda por sentirse desamparados y desesperanzados.

6) Autosuficiencia aparente al mostrarse más competentes de lo que son.

Estos rasgos patológicos de la personalidad son el resultado de la interacción, a lo largo del desarrollo, de un temperamento hiperreactivo y un entorno invalidante (padres y cuidadores) que descalifica en forma consistente la conducta mediante castigos de las expresiones emocionales (aunque a veces las refuerza) y que simplifica las dificultades para la solución de los problemas.

Las personas expuestas a esta tipo de crianza no aprenden a confiar en la validez de sus reacciones emocionales y por lo tanto no las reconocen ni pueden regularlas. Por esa razón aprenden a descalificarse y dependen de los indicios de los demás para saber cómo responder en las interacciones interpersonales cargadas emocionalmente. Esto les hace que alternan entre conductas inhibidas y el descontrol extremo. La falla en el aprendizaje de la solución de problemas produce actitudes perfeccionistas, metas irreales y respuestas emocionales exageradas ante los fracasos. En la base de la falla para aprender a solucionar los problemas está un pensamiento dicotómico, rígido e inefectivo que no les permite encontrar soluciones a sus dilemas en las relaciones interpersonales.

Linehan piensa que los intentos suicidas con sobredosis de tranquilizantes, cortes en la piel y hospitalizaciones psiquiátricas para escapar de ambientes intolerables, son estrategias maladaptativas para regular las emociones negativas intensas. El núcleo de la identidad de estas pacientes se construye alrededor de su enfermedad, a la que consideran parte esencial de ellas mismas. Esto hace que se aferren desesperadamente a sus patrones de relación con ellas mismas y con los demás y que no vean ninguna posibilidad de cambio en sus estilos de vida, aunque sea evidente que necesitan modificarlos para sobrevivir a los intentos suicidas y para tener una vida satisfactoria. Esta gran falla en la identidad las imposibilita para establecer y mantener relaciones interpersonales seguras y satisfactorias.

En resumen, el centro del concepto del trastorno límite es que estas pacientes están atrapadas entre la necesidad de ser aceptadas incondicionalmente tal como son y por otro lado en la urgencia de hacer cambios en el estilo de vida caótica e insatisfactoria que tienen. Se sienten absolutamente incapaces de encontrar soluciones para sus vidas debido a los constantes fracasos y tormentas emocionales que las desorganizan. En otras palabras, no ven ninguna posibilidad de negociar dialécticamente los problemas con un proceso cognitivo continuo de tesis, antítesis y síntesis.

De acuerdo con esto, la terapia dialéctico conductual se dirige a enseñar a estas pacientes a regular sus respuestas emocionales y conductuales, a proporcionarles las habilidades necesarias para manejar sus vidas y a negociar dialécticamente sus dilemas personales y existenciales.

Metas

La meta de la TDC es incrementar los patrones de conducta dialéctica de las pacientes limítrofes. Esto significa fomentar los patrones dialécticos de pensamiento y funcionamiento cognitivo y también ayudar a estas pacientes a cambiar sus conductas extremas hacia respuestas más balanceadas e integrales en cada momento de sus vidas. Otras metas son, por ejemplo, detener las conductas suicidas y las que interfieren con una buena calidad de vida así como el incrementar la modulación emocional y la autovalidación.

Técnicas

La terapia dialéctico conductual utiliza las técnicas cognitivas y conductuales usuales, tales como solución de problemas, técnicas de exposición, adiestramiento en habilidades, manejo de emergencias y modificación cognitiva.

Tácticas

Su táctica fundamental va dirigida a que el terapeuta pueda transmitir a la paciente que la acepta tal como es, a la vez que considera indispensable que haga cambios en la forma de conducir su vida, ya que los patrones de conducta que utiliza son amenazantes para la vida e insoportables como forma de vivir. Para trabajar con esta polaridad el terapeuta se basa en la filosofía Zen.

Estrategias

Las estrategias consisten en enseñar en todas las sesiones a la paciente a negociar dialécticamente sus dilemas personales y existenciales de manera que siempre den lugar a una síntesis efectiva. Otras estrategias son la validación de las emociones, pensamientos y conductas; la enseñanza de habilidades de solución de problemas; el manejo de las emergencias y establecimiento de límites; la exposición, modificación cognitiva y el balancear la comunicación del terapeuta con el paciente de manera cálida, empática, genuina y abierta.

ASPECTOS GENERALES DE LA APLICACIÓN DEL TRATAMIENTO

El estilo general de esta terapia oscila entre una actitud pragmática, a veces irreverente y hasta atrevida al abordar la conducta suicida y disfuncional de la paciente, que alterna con una postura de calidez, flexibilidad, empatía y apertura personal del terapeuta. Esto va dirigido a reformular la conducta de la paciente sin dejar de validar sus respuestas emocionales, cognitivas y conductuales. Es necesario que el terapeuta examine todas las manifestaciones problemáticas que aparecen dentro y fuera de las sesiones, que haga un análisis conductual de las mismas y que formule hipótesis sobre las variables que influyen en cada situación, con el fin de promover cambios y llevarlos a la práctica.

Se debe poner atención a las influencias reciprocas entre paciente, terapeuta y las contingencias naturales y prescribir activamente técnicas de refuerzo, aversión y exposición a situaciones temidas, con objeto de avanzar en la terapia. La modificación cognitiva tiene menos importancia que en otras terapias, pero debe usarse sistemáticamente. Es imprescindible mantener la validación que hace la paciente de su propia conducta así como la convicción de que su deseo de mejorar es genuino y de que tiene todas las capacidades para lograrlo. Todo el tratamiento se basa en establecer y mantener una relación interpersonal positiva de colaboración entre la paciente y el terapeuta. El papel principal de este es ser un consultante para la paciente, no para otros individuos de su entorno.

La importancia que da la terapia dialéctico conductual al examen de los dilemas dialécticos con el fin de alcanzar una síntesis y de los factores que amenazan la continuidad del tratamiento, es muy similar a los conceptos de conflicto intrapsíquico, transferencia y contratransferencia de los tratamientos psicodinámicos. El considerar a la relación terapéutica como el principal instrumento de la terapia se hizo evidente al tratar pacientes suicidas. A veces sólo la relación terapéutica mantiene vivas a ciertas pacientes. La relación terapéutica incluye a las compañeras de la terapia de grupo y a todo el equipo terapéutico, no sólo al terapeuta individual y es crucial para mantener dentro de la terapia a estas pacientes tan inestables.

INVESTIGACIONES SOBRE LA TERAPIA DIALÉCTICO CONDUCTUAL

En lo que sigue presentamos siete estudios clínicos controlados sobre la TDC (Cuadro 1). De ellos, cinco fueron realizados en Seattle por Marsha Linehan, que es la creadora de la terapia y tuvieron una duración de un año. De estos cinco, dos estudios compararon la terapia con el tratamiento psiquiátrico usual, uno con el tratamiento usual de las adicciones, otro con la terapia de validación más el programa de 12 pasos y otro con el tratamiento usual impartido por terapeutas expertos en suicidio. El sexto estudio se hizo en Ámsterdam comparándola con el tratamiento usual y otro en Barcelona, de 12 semanas, que comparó el resultado de la terapia más olanzapina ó placebo.

En todos los estudios la TDC fue superior a los otros tratamientos en el control de la impulsividad y la conducta suicida, mejoría que apareció a partir de los primeros cuatro meses de tratamiento.

1. Linehan, Armstrong, Suárez et al (1991) hicieron un ensayo clínico aleatorizado de un año, dirigido a evaluar la efectividad de la TDC versus el tratamiento psiquiátrico usual (TPU) en el tratamiento de mujeres (N=44) con trastorno límite de la personalidad y conducta parasuicida crónica (intentos de suicidio, cortes en la piel.) El tratamiento con TDC consistió en una sesión de terapia individual de una hora y una sesión de dos horas y media de terapia de grupo a la semana con técnicas conductuales, cognitivas y de apoyo de acuerdo a un manual de tratamiento. Se hicieron evaluaciones al empezar, y a los 4, 8 y 12 meses.

Los resultados fueron:
1) Reducción significativa en la frecuencia y en el riesgo médico de los actos parasuicidas en el grupo tratado con TDC (1.5 actos por año) comparado con el TPU (9 actos por año);
2) la TDC logró retener en tratamiento al 83.3% de los pacientes (16.7% de deserciones, uno de las cuales se suicidó), contra una deserción del 50% en el grupo de TPU;
3) los días de hospitalización en los pacientes tratados con TDC fueron de 8.46, contra 38.8 días en promedio en el grupo tratado con TPU.

Las mayores ganancias con la TDC aparecieron en los primeros cuatro meses. La baja deserción la atribuyeron al examen sistemático de las amenazas de dejar el tratamiento y al énfasis en desarrollar un esfuerzo de colaboración permanente. En el seguimiento a un año de las pacientes de este estudio (Linehan, Heard y Armstrong, 1993), en el cual se analizaron a 39 de ellas a los 6 y 12 meses después de haber terminado los tratamientos, encontraron que las pacientes tratadas con TDC tuvieron menos actos parasuicidas, menos ira, mejor adaptación social y menos días de estancia en las hospitalizaciones psiquiátricas.

2. Linehan, Tutek, Heard et al (1994) en otro estudio clínico aleatorizado de un año dirigido a estudiar el funcionamiento interpersonal de mujeres (N=26) con TLP y conducta suicida crónica, si eran tratadas con TDC o TPU, encontraron que el grupo tratado con TDC mejoró significativamente en las mediciones de la ira, de la adaptación social y del funcionamiento global.

3. Linehan M, Schmidt H, Dimeff L, et al (1999), en un estudio clínico aleatorizado de un año de tratamiento y seguimiento de 16 meses, sobre 28 mujeres con TLP y adicción a drogas tratadas con TDC (N=12) ó con el tratamiento usual para las adiciones (N=16), encontraron que el grupo tratado con TDC tuvo menor uso de drogas, mayor adherencia al tratamiento y en el seguimiento alcanzaron una mejor adaptación social y funcionamiento global.

4. Linehan MM, Dimeff LA, Reynolds SK, et al (2002) en un estudio clínico aleatorizado de un año (N=24) para evaluar si la TDC era más efectiva para tratar mujeres con TLP y dependencia a la heroína, que la terapia comprensiva de validación más el programa de 12 pasos, encontraron que ambos tratamientos fueron eficaces para reducir el consumo de opio durante el tratamiento y en el seguimiento cuatro meses después. La TDC sólo retuvo en tratamiento al 64% de los pacientes, mientras que el otro tratamiento mantuvo la adherencia de sus 12 pacientes.

5. Verheul R, van den Bosch L, Koeter M et al (2003), en un estudio clínico aleatorizado de un año, en Holanda, con (N=58) mujeres referidas de centros de atención de adicciones o de servicios psiquiátricos, tratadas con TDC o TPU, encontraron que la TDC tuvo tasas más altas de adherencia y mayores reducciones de la conducta impulsiva autolesiva. En un estudio de seguimiento 6 meses después de terminados los tratamientos (van den Bosch L, Koeter M, Stijnen T, et al, 2005) se mantuvieron las ganancias en términos de menos actos parasuicidas y menor uso de alcohol, pero no en uso de drogas.

6. Soler J, Pascual J, Camping J et al (2005), en un estudio clínico aleatorizado y controlado con placebo, a 12 semanas, sobre (N=60) pacientes con TLP donde todos recibieron TDC y la mitad fue asignada a tomar olanzapina (media de 8.83 mg/día) y la otra mitad a recibir placebo, encontraron que el tratamiento combinado de TDC más olanzapina disminuyó significativamente la tasa de deserciones y fue más efectivo en reducir la depresión, ansiedad y agresión impulsiva.

7. En otro estudio de Linehan, Comtois, Murray et al (2006) de un año de tratamiento con TDC o tratamiento por expertos de TLP con conducta suicida, sobre 101 mujeres, encontraron que las pacientes tratadas con TDC tuvieron 50% menos intentos suicidas, requirieron menos hospitalizaciones por ideación suicida, tuvieron menos visitas a las salas de emergencia, menos deserciones del tratamiento y cuando ocurrieron intentos suicidas fueron de menor riesgo médico que las pacientes tratadas por expertos.

RESUMEN Y COMENTARIOS

1. Los tres tipos de psicoterapia (PFT, PBM y TDC) para el trastorno límite fueron desarrollados por los autores después de una amplia experiencia clínica con esta población de pacientes. Cada terapia fue diseñada para poder manejar las conductas suicidas, de agresión a los equipos de tratamiento, falta de adherencia a la psicoterapia, hospitalizaciones frecuentes y abuso de los recursos de salud, que son características del trastorno límite. Los autores de las terapias enfatizan que para alcanzar esas metas siempre es necesario detectar y tratar enérgicamente las comorbilidades más frecuentes y riesgosas de estas pacientes, que son el abuso de alcohol y drogas, la depresión mayor, los trastornos de ansiedad y los trastornos de bulimia y anorexia.

2. Además de la capacitación de los terapeutas mediante cursos y supervisiones, los autores escribieron en detalle las bases teóricas y los procedimientos técnicos para aplicar las terapias en manuales de tratamiento siguiendo las recomendaciones de los institutos de salud mental de sus países.

3. Los manuales de tratamiento han permitido que se realicen estudios clínicos controlados de las tres terapias, donde se ha comprobado que son eficaces con estas pacientes. Los manuales también han fomentado que estas terapias puedan ser aplicadas en sitios diferentes a donde fueron desarrolladas.

4. Aunque las tres terapias tienen bases teóricas y procedimientos técnicos diferentes, en todas ellas se enfatiza la necesidad de que las pacientes, para ingresar y permanecer en estas terapias, se comprometan a eliminar de su repertorio de solución de problemas a la conducta suicida y agresiva hacia los demás, el abuso de alcohol y

drogas, la irresponsabilidad académica, laboral y de colaboración con sus familias y las conductas que interfieran con la continuidad y éxito de la terapia y del desarrollo de una forma de vida productiva y gratificante.

5. También las tres terapias consideran como principal instrumento del tratamiento a una buena relación terapéutica donde exista compromiso y colaboración por ambas partes. En esa relación, el terapeuta necesita ser empático y transmitirle a la paciente muy activamente que si bien la acepta tal como es, hará todo el esfuerzo necesario para ayudarla a cambiar su conducta autodestructiva y que existen esperanzas realistas de alcanzar esa meta. El establecer este tipo de relación terapéutica es crucial en las pacientes con alto riesgo suicida.

6. En las tres formas de terapia se puede detener la impulsividad y los intentos suicidas y cortes en la piel en los primeros cuatro a seis meses y la inestabilidad afectiva en seis a nueve meses de tratamiento. Esto permite a la mayoría de las pacientes el reanudar sus actividades académicas, laborales y sociales en forma bastante satisfactoria al cabo de ese tiempo. De todos modos, hay el consenso de que los pacientes limítrofes requieren ser tratados con psicoterapia durante 18 a 24 meses, al menos y después hacer un seguimiento cada uno a tres meses, según el caso.

7. Las horas de sesiones a la semana que ofrecen estas terapias es diferente. Por ejemplo, en la PFT son dos sesiones de 45 minutos, en la TDC, dos y media a tres horas y en la PBM, pueden ser entre siete y 10 horas, además del ambiente de comunidad terapéutica de la hospitalización parcial o completa. Según lo anterior, la PBM sería el esquema ideal para pacientes con un alto

grado de severidad y la PFT y la TDC estarían indicadas para pacientes ambulatorias menos graves.

8. La capacitación y el cuidado permanente de los terapeutas, mediante cursos y sesiones de supervisión, lo enfatizan los tres tipos de terapia dado que la salud mental del terapeuta es un factor clave en el éxito del tratamiento de los pacientes limítrofes.

REFERENCIAS

1. Clarkin J, Yeomans F, Kernberg O. Psychotherapy for Borderline Personality. American Psychiatric Press. Washington. 2006.
2. Bateman A, Fonagy P. *Psicoterapia para el trastorno límite de la personalidad. Tratamiento basado en evidencias.* Editorial Universitaria, Guadalajara, México. 2005. Título original: Bateman A, Fonagy P. *Psychotherapy for borderline Personality Disorder. Mentalization–based treatment.* Oxford University Press. London. 2004
3. Linehan MM. *Cognitive–Behavioral Treatment of Borderline Personality Disorder.* The Guilford Press. New York. 1993
4. López D. *Psicoterapia Focalizada en la Transferencia para el Trastorno Límite de la Personalidad.* Editora de Textos Mexicanos. México, 2004.
5. Kernberg OF, Caligor E. A Psychoanalytic Theory of Personality Disorders. En: Lenzenweger MF, Clarkin JF. *Major Theories. of Personality Disorder.* Second Edition. Guilford Press. NY. 2005
6. Clarkin J, Foelsch P, Levy K, et al. The development of a psychodynamic treatment for patients with borderline personality disorder: a preliminary study of behavioral change. *Journal of Personality Disorders,* 2001.15(6), 487–495.
7. Cuevas P, Camacho J, Mejía R, Rosario I, Parres R, Mendoza J y López D. Cambios en la psicopatología del trastorno limítrofe de la personalidad, en los pacientes tratados con psicoterapia psicodinámica. *Salud Mental.* 2000. V. 23, No. 6;1–11

8. Cuevas P; López M E; Salcedo C; Pérez A; López D. Cambios en la Psicopatología del Trastorno Límite de la Personalidad en pacientes del Género Femenino Tratadas con Psicoterapia Psicodinámica Manualizada. En: *Ser y Hacer de las Mujeres (Reflexiones Psicoanalíticas).* Eds. A M Alizade; E Riojas y M Garza (Coords.) Lumen, Bs.As. 2004

9. López D, Cuevas P, Gómez A, Mendoza J. Psicoterapia focalizada en la transferencia para el trastorno límite de la personalidad. Un estudio con pacientes femeninas. *Salud Mental,* 2004. Vol. 27; 44–53.

10. Giesen–Bloo J, van Dyck R, Spinhoven P et al. Outpatient Psychotherapy for Borderline Personality Disorder. Randomized trial of Schema–Focused Therapy vs. Transference–Focused Psychotherapy. *Arch Gen Psychiatry.* 2006. 63:649–658.

11. Bowlby J. *A Secure Base: Clinical Applications of Attachment theory.* London; Routledge. 1988

12. Fonagy P. Attachment Theory and Psychoanalysis. London. 2001

13. Bateman A, Fonagy P. The effectiveness of partial hospitalization in the treatment of borderline personality disorder. A randomized controlled trial. *The American Journal of Psychiatry,* 1999. 156:1563–1569.

14. Bateman A, Fonagy P. Treatment of borderline personality disorder with psychoanalytically oriented partial hospitalization: an 18 months follow–up. *The American Journal of Psychiatry,* 2001.158:36–42.

15. Bateman A, Fonagy P. Health service utilization costs for borderline personality disorder patients treated with psychoanalytically oriented partial hospitalization versus general psychiatric care. *The American Journal of Psychiatry,* 2003.160:169–171.

16. Fonagy P, Steele H, Moran G et al. The capacity for understanding mental states: The reflective self in parent and child and its significance for security of attachment. *Infant Mental Health Journal*, 1991. 13:200–217.

17. Fonagy P, Steele H, Moran G et al. Measuring the ghost in the nursery: An empirical study of the relation between parent's mental representations of childhood experiences and their infant's security of attachment. *Journal of the American Psychoanalytic Association*, 1993. 41:957–989.

18. Chiesa M, Fonagy P, Holmes J, Drahorad C. Residential Versus Community Treatment of Personality Disorders: A Comparative Study of Three Treatment Programs. *Am J Psychiatry*, 2004.161:1463–1470.

19. Linehan M, Schmidt H, Dimeff L, et al. Dialectical behavior therapy for patients with borderline personality disorder and drug dependence. *American Journal of Addictions*, 1999. 8, 279–292.

20. van den Bosch LM, Koeter MW, Stijnen T, Verheul R, van den Brink W. Sustained efficacy of dialectical behaviour therapy for borderline personality disorder. *Behav Res Ther*, 2005. 43(9):1231–41.

21. Linehan M, Heard H. BPD: *Costs, course and treatment outcomes*. In: Miller NE, Magruder, KM, eds. Cost–effectiveness of Psychotherapy: A Guide for Practitioners, Researchers and Policy–Makers. New York, NY: Oxford University Press; 1997:291–305.

22. Linehan M, Armstrong H, Suarez A et al. Cognitive–Behavioral Treatment of Chronically Parasuicidal Borderline Patients. *Arch Gen Psychiatry*, 1991. 48:1060–4

23. Linehan M, Tutek D, Heard H, Armstrong H. Interpersonal Outcome of Cognitive Behavioral Treatment for Chronically Suicidal Borderline Patients. *Am J Psychiatry*; 1994. 151:1771–1776.
24. Linehan MM, Dimeff LA, Reynolds SK, Comtois KA, Welch SS, Heagerty P, Kivlahan. Dialectical behavior therapy versus comprehensive validation therapy plus 12–step for the treatment of opioid dependent women meeting criteria for borderline personality disorder. *Drug Alcohol Depend.* 2002 Jun 1;67(1):13–26.
25. Verheul R, van den Bosch L, Koeter M, et al. Dialectical Behaviour therapy for women with BPD: 12 months, randomised clinical trial in the Netherlands. *Br J Psychiatry*, 2003.182:135–140.
26. Soler J, Pascual J, Camping J et al. Double–blind, placebo–controlled study of dialectical behavior therapy plus olanzapine for borderline personality disorder. *An J Psychiatry*, 2005.162 (6):1221–4
27. Linehan M, Comtois K, Murray A et al. Two–year Randomized Controlled Trial and Follow–up of Dialectical Behavior Therapy vs. Therapy by Experts for Suicidal Behaviors and Borderline Personality Disorder. *Arch Gen Psychiatry*. 2006.63:757–766.

Tabla 1
PSICOTERAPIAS PARA EL TLP
BASADAS EN EVIDENCIAS

- Psicoterapia Focalizada en la Transferencia (PFT). De Clarkin, Yeomans y Kernberg (2006)
- Psicoterapia Basada en la Mentalización (PBM) de Bateman y Fonagy (2005).
- Terapia Dialéctico Conductual (TDC) de Linehan (1993).

Tabla 2
CRITERIOS PARA ESCOGER LAS
INVESTIGACIONES SOBRE PSICOTERAPIA
PARA EL TLP, REVISADAS EN EL CAPÍTULO

1. Relevancia clínica.
2. Ensayos clínicos controlados, ensayos clínicos y revisiones.
3. Muestra seleccionada con el SCID I y el SCID II.
4. Con objetivos de cambio.
5. Psicoterapia manualizada.
6. Instrumentos de medición validados.
7. Análisis estadístico de los datos.
8. Discusión pertinente de los resultados, limitaciones y aplicaciones del estudio.

Tabla 3
TRASTORNOS CON ORGANIZACIÓN
LIMÍTROFE DE LA PERSONALIDAD
(De menor a mayor severidad)

---

1. Evitativo,
2. Dependiente,
3. Histriónico,
4. Sadomasoquista,
5. Narcisista,
6. Paranoide,
7. Hipomaniaco,
8. Esquizoide,
9. Límite,
10. Hipocondríaco,
11. Narcisista maligno,
12. Esquizoide,
13. Esquizotípico y,
14. Antisocial no criminal

Tabla 4
TAREAS DEL COORDINADOR
DEL TRATAMIENTO

1. Iniciar las medidas psicoterapéuticas y farmacológicas,
2. contener la conducta suicida, eliminar el uso de alcohol y drogas, responder a las crisis y vigilar la seguridad del paciente,
3. mantener el encuadre, establecer los límites entre paciente y terapeuta y fomentar la alianza terapéutica,
4. ofrecer educación sobre el padecimiento al paciente y su familia, coordinar el equipo de clínicos y terapeutas, evaluar el progreso de la paciente y revisar la efectividad del plan de tratamiento,
5. manejar las escisiones en el terapeuta, el equipo de tratamiento y la familia del paciente.

Tabla 5
BASES TEÓRICAS DE LA PFT

1. Teoría de las relaciones objetales de la psicología del yo de Kernberg.
2. El TLP se caracteriza por relaciones objetales escindidas, persecutorias e idealizadas.
3. Mecanismos defensivos: escisión, negación, identificación proyectiva, idealización, devaluación, control omnipotente.
4. Prueba de realidad conservada.
5. El bebé tiene una agresión exagerada constitucional que afecta la separación–individuación.

Tabla 6
META, TÉCNICAS, TÁCTICAS
Y ESTRATEGIAS DE LA PFT

Meta
- Integrar las díadas persecutorias e idealizadas

Técnicas
- Análisis de la transferencia/contratransferencia
- mediante la aclaración
- confrontación e
- interpretación de lo ocurrido en la sesión y en la vida cotidiana de la paciente

Tácticas
En cada sesión intervenir de acuerdo a:
1. La jerarquía de temas (Amenazas suicidas u homicidas, amenazas a la continuidad del tratamiento, ocultamiento de información, transgresiones al contrato e impulsividad).
2. Mantener el encuadre, eliminar la ganancia secundaria y bloquear la impulsividad y,
3. Mantener la neutralidad técnica

Estrategias
1. Definir las díadas dominantes.
   a) Experimentar y tolerar la confusión.
   b) Identificar las díadas dominantes.
   c) Dar nombre a los actores.
   d) Atender la reacción de la paciente.

2. Observar e interpretar la inversión de roles dentro de la díada dominante.
3. Observar e interpretar la alternancia entre la díada víctimario–odio–víctima y rescatador–amor incondicional–rescatado.
4. Integrar las díadas persecutorias e idealizadas escindidas.

Tabla 7
BASES TEÓRICAS DE LA PBM

1. Teoría del Apego de Bowlby y Fonagy.
2. Los pacientes con TLP tienen apego preocupado, confuso, temeroso y agobiado
3. No tienen resueltas sus experiencias traumáticas por el maltrato infantil.
4. Ausencia o incapacidad para la regulación emocional, el control atencional y la mentalización.

Tabla 8
META, TÉCNICAS, TÁCTICAS
Y ESTRATEGIAS DE LA PBM

1. Meta, fortalecer la autoimagen del paciente para que tenga relaciones interpersonales más seguras.
2. Estrategias
   2.1. Promover la mentalización de lo que ocurre en la sesión.
   2.2. Cerrar brechas entre afectos y representaciones
   2.3. Transferencia como real y actual.
   2.4. Mantener la cercanía mental para trabajar afectos y representaciones.
   2.5. Trabajar con los estados mentales actuales.
   2.6. Tener en mente las limitaciones del paciente.
   2.7. Relaciones reales paciente terapeuta.

Tabla 9
BASES TEÓRICAS DE LA TDC

---

1. Teoría biosocial del TLP de Linehan.
2. Reactividad emocional exagerada en la infancia.
3. Entorno invalidante.
4. Falla en la regulación de las emociones negativas intensas.
5. Pensamiento dicotómico.
6. Falla en la negociación dialéctica del pensamiento dicotómico y los conflictos interpersonales.

Tabla 10
METAS, TÉCNICAS, TÁCTICAS
Y ESTRATEGIAS DE LA TDC

Meta

1. Incrementar los patrones de pensamiento y conducta dialécticos.
2. Cambiar conductas extremas hacia respuestas más balanceadas e integrales.
3. Detener las conductas suicidas y las que interfieren con una buena calidad de vida.
4. Incrementar la modulación emocional y la autovalidación.

Técnicas

1. Solución de problemas.
2. Exposición.
3. Adiestramiento en habilidades.
4. Manejo de emergencias.
5. Modificación cognitiva.

Tácticas

1. Aceptación de la paciente tal como es.
2. Promover el cambio como forma ineludible para mejorar el estilo de vida.

Estrategias

1. Negociación dialéctica de los dilemas personales con síntesis efectiva.
2. Validación de las emociones, pensamientos y conductas.
3. Enseñanza de habilidades de solución de problemas.
4. Establecimiento de límites.
5. Comunicación terapeuta–paciente cálida, empática, genuina y abierta.

4. TRATAMIENTO FARMACOLÓGICO Y TERAPIAS AUXILIARES PARA EL TRASTORNO LÍMITE DE LA PERSONALIDAD

INTRODUCCIÓN

El tratamiento farmacológico del trastorno límite de la personalidad (TLP) está indicado cuando la impulsividad, la inestabilidad afectiva y la desorganización cognitiva sean factores importantes de la conducta suicidas y autolesiva ó bien cuando producen incapacidad ó amenazan el proceso de la psicoterapia. Las comorbilidades del TLP, como la depresión mayor, los trastornos de ansiedad y la bulimia, requieren tratamiento farmacológico para sus manifestaciones específicas. Afortunadamente, los medicamentos para el TLP y sus comorbilidades son casi los mismos, pero se deben diferenciar los síntomas a los que se dirige la medicación, las dosis y la duración de los tratamientos, ya que de no hacerlo se producen confusiones en las pacientes y sus familias que incrementan, por ejemplo, el riesgo suicida y las adicciones.

Las terapias auxiliares para el TLP, como la psicoeducación; el adiestramiento en habilidades sociales, académicas y laborales; las técnicas para el control de las emociones negativas y el programa de alcohólicos anónimos, son de gran utilidad y a veces constituyen el factor decisivo en la recuperación y prevención de recaídas.

PRINCIPIOS DEL TRATAMIENTO FARMACOLÓGICO

Indicaciones, contraindicaciones, secuencias y esquemas usuales

Las manifestaciones del TLP que responden o pueden remitir con la medicación son la impulsividad, la inestabilidad afectiva y la desorganización cognitiva (Soloff, 2000). (Tabla 1). En lo que sigue se mencionan no sólo los medicamentos que han sido eficaces en estudios clínicos controlados, sino también otros de la misma clase, porque en la práctica, el clínico puede elegir entre varios productos según las necesidades específicas de cada paciente y de acuerdo a sus ventajas en cuanto a rapidez de acción, respuesta en relación con la dosis, efectos sedantes ó activadores, costos y efectos secundarios. Las sustancias que están contraindicadas en el manejo del TLP son las benzodiacepinas (diacepam, alprazolam, clonacepam y otras) porque desinhiben la agresión y producen dependencia. También están contraindicados los antidepresivos tricíclicos (Ej. imipramina, amitriptilina), por su letalidad cuando se usan con fines suicidas.

Impulsividad

La impulsividad se manifiesta como agresión impulsiva, conducta suicida, conducta autolesiva, pleitos verbales y físicos, promiscuidad sexual, abuso de sustancias y gastos excesivos. Para esto se puede usar uno de los siguientes antidepresivos: fluoxetina, paroxetina, citalopram, escitalopram, venlafaxina, mirtazapina, bupropión ó duloxetina. Cuando no hay respuesta o es insuficiente se incrementa la dosis según lo permisible en cada producto y si no hay respuesta, se agrega alguno de los siguientes antipsicóticos: olanzapina, risperidona, aripiprazol o perfenazina. Si aún no se obtiene el efecto deseado, se agrega un estabilizador del estado de ánimo como valproato, topiramato u oxcarbacepina.

Inestabilidad afectiva
La inestabilidad afectiva se caracteriza por labilidad del estado de ánimo, ansiedad grave, insomnio severo, sensibilidad al rechazo, ira intensa e inapropiada, derrumbes depresivos y tormentas afectivas. Cuando estos son los síntomas se recomienda empezar con antidepresivos como la venlafaxina, duloxetina ó mirtazapina, por ser más efectivos en estos casos. Igual que con la impulsividad, si no hay respuesta, se incrementa la dosis y si persiste la sintomatología, se puede agregar alguno de los mismos antipsicóticos mencionados en el punto anterior. En este grupo de síntomas los estabilizadores del estado de ánimo, en general no agregan beneficios a la combinación de antidepresivos y antipsicóticos.

Desorganización cognitivo –perceptual
Estos síntomas se expresan como suspicacia, ideas de referencia, ideación paranoide, ilusiones, desrealización, disociaciones, despersonalización o pseudoalucinaciones. En estos casos se debe empezar con alguno de los mismos antipsicóticos ya mencionados y si esa desorganización es parte de un trastorno por déficit de atención del adolescente o el adulto, se pueden obtener ganancias adicionales agregando al antipsicótico algún antidepresivo, de preferencia atomoxetina ó bupropión, aunque a veces la fluoxetina también puede ser de utilidad. Igual que en el caso de la inestabilidad afectiva, los estabilizadores del estado de ánimo, en general, no son útiles en este grupo de síntomas (Tabla 2).

El único caso donde puede ser necesario agregar estabilizadores del estado de ánimo desde el principio de los tratamientos, es cuando el TLP tiene comorbilidad con epilepsia o alteraciones de la actividad eléctrica cerebral que tengan correlación clínica con las manifestaciones que se desea controlar.

Requisitos para la efectividad y seguridad del tratamiento

1. Es necesario revisar con detalle la historia de uso de psicofármacos (en la paciente y en sus familiares) en cuanto a sustancias, marcas, dosis, duración, respuesta, remisión, efectos secundarios, abuso, adicciones y utilización de sobredosis con fines manipulatorios o suicidas. En este punto hay que tener cuidado con las ideas de las pacientes y familiares de que por haber usado determinado producto y no haber tenido una remisión completa de los síntomas, no deben volver a tomarlo. Como es sabido, esto ocurre casi siempre porque se prescriben dosis bajas, por poco tiempo, sin potencializadores y sin suspender el uso de alcohol y drogas.

2. La paciente no debe consumir alcohol, drogas o medicamentos autorecetados. Si existen adicciones a estas sustancias o a psicofármacos, es recomendable primero hacer la desintoxicación y luego iniciar la medicación.

3. El psiquiatra necesita estar informado de todos los medicamentos que se prescriban a la paciente, por el riesgo de interacciones farmacológicas peligrosas y de oscurecer la respuesta esperada.

4. Es preferible que la medicación la haga el psiquiatra del equipo y que la psicoterapia la aplique el psicoterapeuta. En algunos casos especiales, el psiquiatra puede hacer los dos tratamientos.

5. La información acerca de los síntomas a los que va dirigida la medicación, la respuesta esperada, efectos secundarios y aspectos riesgosos, se imparte a la paciente y al familiar más cercano.
6. La evaluación de la presencia y severidad de los síntomas al inicio y durante el tratamiento, se hace con instrumentos clinimétricos como el SCL 90, la Escala de Beck para depresión, la Escala de Hamilton para ansiedad y otras que sean apropiadas para los síntomas. Las aplicaciones deben ser mensuales y la estimación la hace la paciente, el familiar responsable y el psiquiatra.
7. Los medicamentos estarán al cuidado del familiar responsable.
8. La adherencia y efectos de los medicamentos dependen en gran medida de la psicoeducación, es decir, el paciente y la familia deben saber lo que se espera de la medicación, la psicoterapia y las terapias auxiliares que se estén utilizando.

Duración del tratamiento
En vista de que las alteraciones del TLP son severas y crónicas, que empiezan a manifestarse en forma notoria alrededor de los 18 años y se mantienen activas hasta finales de la tercera o cuarta década de la vida, la duración del tratamiento debe ser de varios años y a veces de por vida, dependiendo de la evolución clínica y de los resultados de la psicoterapia, del apoyo de los grupos de autoayuda y de los factores protectores del ambiente familiar, escolar y laboral, la relación de pareja, si tienen hijos y otros aspectos.

Vigilancia del tratamiento
Cuando se inicia la medicación, el clínico debe concentrarse en la tolerabilidad, efectos secundarios, inicio de la respuesta

y educación a la paciente y los familiares cercanos sobre el TLP y la medicación. Es recomendable llevar un diario clínico de los síntomas, dosis, efectos secundarios, efectos benéficos, costos y eventos de la vida. La respuesta clara y la remisión de los síntomas no aparecen hasta después de 4 a 6 semanas y, una vez iniciada, la mejoría se incrementa mes a mes y año con año, en forma notable para el propio paciente y para los que lo rodean. Esta mejoría se debe a la combinación de la farmacoterapia y la psicoterapia y al mejor aprovechamiento que hace el paciente de las oportunidades de desarrollo que va encontrando a lo largo de su vida.

APLICACIÓN DEL TRATAMIENTO FARMACOLÓGICO

Inhibidores de la recaptación de serotonina (fluoxetina, paroxetina, sertralina, citalopram, escitalopram)

Estos productos, a la dosis terapéutica usual (fluoxetina, paroxetina, citalopram, 20 mg; sertralina, 50 mg; escitalopram, 10 mg/día), en general, son los primeros que se usan para tratar la impulsividad. La respuesta puede empezar en pocos días pero la remisión completa puede tardar de 4 a 6 semanas. Rara vez se requiere duplicar la dosis. El tratamiento debe mantenerse por varios años o al menos hasta que se adaptan o dejan de estar presentes los estresantes psicosociales asociados al inicio de los síntomas. Por ejemplo, inicio de un ciclo escolar o de un nuevo trabajo, fallas académicas, relaciones difíciles de pareja, conflictos con los padres y otros.

Inhibidores de la recaptación de serotonina y norepinefrina (venlafaxina XR, mirtazapina y duloxetina)

Se usan (venlafaxina XR, 75 mg; mirtazapina, 30 mg y duloxetina, 60 mg/día) cuando la manifestación principal es la inestabilidad afectiva en forma de irascibilidad, angustia intensa, depresión severa (pero no euforia ni irritabilidad), insomnio inicial, desgano, aburrimiento, falta de concentración y de memoria con fallas académicas y laborales, aunque estos síntomas también pueden ser tratados con la fluoxetina genérica, que es muy económica.

En estos casos se puede empezar con dosis bajas al acostarse o por la mañana (Venlafaxina XR, 37.5 mg; mirtazapina, 15 mg; duloxetina, 30 mg) e ir aumentando cada 5 a 7 días hasta que se inicie la respuesta. La remisión completa de los síntomas puede tardar entre 6 y 16 semanas y a veces puede ser necesario usar dosis altas (Venlafaxina XR, 225 mg; mirtazapina, 45 –60 mg; duloxetina, 60 –120 mg).

Para el insomnio grave es mejor usar 2.5 a 5 mg de olanzapina o 10 a 25 mg de hidroxicina (Atarax), que es un antihistamínico, porque las pacientes con estos síntomas desarrollan adicciones con mucha facilidad cuando su usan benzodiacepinas.

Antipsicóticos (Olanzapina, risperidona, aripiprazol, perfenacina)

Estos medicamentos están indicados cuando existe desorganización cognitiva en forma de ideas de referencia, ideas delirantes leves y transitorias, ilusiones, pseudoalucinaciones, episodios disociativos, creencias sobrenaturales y que tienen poderes especiales y otras manifestaciones.

Las dosis requeridas son, en general, de la mitad o la tercera parte de las usadas para los episodios psicóticos agudos, por ejemplo, olanzapina 2.5 mg diarios, risperidona, 1 mg diario, aripiprazol, 15 mg diarios, perfenazina, 2 mg diarios.

Estabilizadores del estado de ánimo (Valproato, topiramato, lamotrigina)

Se prefiere empezar con alguno de estos productos cuando la impulsividad es severa y riesgosa para la paciente y para los demás, si existe irascibilidad e irritabilidad permanente, hipomanía o si se sospecha que existen fallas en la integridad de las funciones cerebrales para el control de los impulsos.

Las dosis deben ser las recomendadas para alcanzar el

efecto terapéutico (Valproato, 500 mg; topiramato, 200 mg, lamotrigina, 100 a 200 mg/día y mantenerse por varios meses o años, según sea el caso.

Combinaciones de medicamentos (Olanzapina/fluoxetina)
Esta combinación, en dosis de 6/25 y 12/50 mg, fue diseñada para tratar la depresión de los trastornos bipolares y, como se dijo en los estudios revisados, también se ha investigado para tratar el TLP, con buenos resultados. El inconveniente de esta presentación es que la dosis de 6 mg de olanzapina produce gran somnolencia en los primeros días del tratamiento, por lo que es preferible usar las sustancias separadas. Así, la olanzapina en forma de tabletas se puede iniciar hasta con un cuarto de la tableta (Recordar que el producto se degrada con la exposición al sol, por lo que al partirlo debe ser resguardado en la envoltura original de las tabletas) de 5 mg e ir aumentando progresivamente la cantidad, para no sufrir la somnolencia matutina.

Omega 3
El omega 3 es un ácido graso esencial que se obtiene de pescados como salmón, truchas, sardinas y de algunas nueces y vegetales. Está disponible en cápsulas de 1300 a 1500 mg. Se recomienda combinarlo con vitamina E, porque el uso prolongado de omega 3 puede disminuir las concentraciones de esa vitamina. La duración de la ingesta de las cápsulas debe ser indefinida, junto con cambios en la dieta para incluir los pescados y vegetales mencionados.

El uso del omega 3 en medicina tiene muchos años, en especial para la prevención de padecimientos cardiovasculares. Su utilización en psiquiatría empezó alrededor de 1999, cuando se vio que era útil para mejorar la sintomatología del trastorno bipolar en dosis de 9.6 g/día. Posteriormente se ha observado que el omega 3 también ayuda en el tratamiento de la esquizofrenia, la depresión mayor, el trastorno por déficit de atención y otros padecimientos psiquiátricos. La FDA[6] recomienda que no se ingieran más de 3 g/día de omega 3, sumando lo que se obtiene de la dieta y en forma de suplementos. El mayor riesgo del omega 3 es el sangrado, en particular en personas con alteraciones de la coagulación por algún padecimiento o por el uso de anticoagulantes.

---

[6] Agencia de Drogas y Alimentos del gobierno de EUA.
www.nlm.nih.gov/medlineplus/druginfo/natural/patient –fishoil.html

ENSAYOS CLÍNICOS CONTROLADOS SOBRE LA FARMACOTERAPIA DEL TRASTORNO LÍMITE DE LA PERSONALIDAD

Los siguientes estudios fueron realizados sobre grupos de pacientes con TLP, seleccionadas con el SCID I y II de acuerdo a los criterios diagnósticos del DSM IV y DSM IV TR. Las dosis de los medicamentos fueron las usuales. Para medir los cambios en la psicopatología se usaron, en la mayoría de ellos, instrumentos como el SCL 90, la Escala de Evaluación de la Actividad Global del DSM IV, la Escala de Beck y de Hamilton para la depresión, la Impresión Clínica Global y el Inventario de Problemas Interpersonales, todos ellos considerados confiables para estimar los efectos de las intervenciones psicoterapéuticas y farmacológicas en estas pacientes. Todos los estudios tuvieron un análisis estadístico apropiado de los datos.

Fluoxetina
Salzman C, Wolfson A, Schatzberg A, et al (1995) investigaron la fluoxetina en dosis de 20 mg (N=13) comparada con placebo (N=9), durante 13 semanas, en pacientes con TLP de leve a moderado. El hallazgo más sorprendente fue una disminución significativa de la ira, que fue independiente de la respuesta, también significativa, de la depresión.

Olanzapina
1. Zanarini M y Frankenburg F (2001) estudiaron la olanzapina en 28 mujeres tratadas durante 6 meses. 19 recibieron olanzapina y 9 placebo. La olanzapina produjo

una mejoría significativa en todos los síntomas (Afecto, cognición, impulsividad y relaciones interpersonales), menos en depresión y la ganancia de peso fue modesta.

2. Bogenschutz A y Nunberg H (2004) examinaron la respuesta de 25 mujeres y 15 varones tratados durante 12 semanas con olanzapina o placebo en números iguales. La olanzapina fue superior al placebo en forma significativa aunque el incremento de peso fue notable.

Aripiprazol
Nickel M, Muehlbacher M, Nickel C, et al (2006), en un estudio de 8 semanas sobre 43 mujeres y 9 hombres asignados a placebo ó a aripiprazol, encontraron que este fue efectivo para lograr la remisión de la mayoría de las manifestaciones del trastorno, en especial de la ira, la ansiedad y la depresión.

Valproato
Hollander E, Swann A, Coccaro, et al (2005) estudiaron 51 pacientes asignados a valproato (N=20) o placebo (N=32) durante 12 semanas. Encontraron que el valproato fue superior en la reducción de la agresión impulsiva, en especial cuando este síntoma tenía altas mediciones al inicio, lo que podría usarse como factor para que en esos casos se use este medicamento.

Topiramato
1. Nickel M, Nickel C, Mitterlehner F, et al. (2004), en un estudio de 8 semanas sobre 29 mujeres asignadas a placebo o topiramato, encontraron una reducción significativa de la ira y una disminución, también significativa, de peso.

2. Nickel M, Nickel C, Kaplan P, et al (2005), en una investigación de 8 semanas, donde se administró topiramato (N=22) y placebo (N=20) a pacientes varones, encontraron que el primer grupo tuvo reducciones significativas en la ira, buena tolerancia al médicamente y reducción de 5 Kgs. de peso en promedio.

3. Loew T, Nickel M, Muehlbacher M, et al (2006) investigaron 56 mujeres tratadas con topiramato (N=28) o placebo (N=28) durante 10 semanas. Encontraron cambios positivos y significativos en el grupo tratado con topiramato en somatización, sensibilidad interpersonal, ansiedad, hostilidad, ansiedad fóbica y en el índice global de severidad. Pero no hubieron cambios significativos en síntomas obsesivo compulsivos, depresivos, ideación paranoide y psicoticismo.

Lamotrigina
Tritt K, Nickel C, Laman C, et al (2005) estudiaron durante 8 semanas el efecto de la lamotrigina en mujeres, asignando 18 pacientes al medicamento y 9 a placebo. Encontraron una reducción significativa de la ira y la agresión, con buena tolerancia a la medicación y sin variaciones del peso corporal durante el período de tratamiento.

Omega 3
Zanarini M y Frankenburg F (2003), en un estudio de 8 semanas trataron 30 mujeres con TLP no suicidas. Veinte recibieron 1 g diario de omega 3 y a 10 se les dio placebo. El primer grupo mejoró en las mediciones de agresión y depresión, con buena tolerancia del producto.

Fluoxetina; olanzapina; fluoxetina/olanzapina
Zanarini M, Frankenburg F, Parachini E (2004) estudiaron 45 mujeres con TLP durante ocho semanas, asignándolas a fluoxetina (N=14), olanzapina (N=16) y a la mezcla olanzapina/fluoxetina (N=15). La olanzapina y la mezcla olanzapina/fluoxetina dieron tasas más altas de mejoría que la fluoxetina, pero esta logró una reducción mayor que los otros en la agresión impulsiva y la depresión. Los tres grupos tuvieron aumento de peso moderado, pero este aumento fue significativo en el grupo tratado con olanzapina.

Terapia dialéctico conductual/olanzapina
Soler J, Pascual J, Camping J, et al (2005) compararon la terapia dialéctico conductual agregando olanzapina o placebo al tratamiento del TLP. Estudiaron 60 pacientes durante 12 semanas. El grupo tratado con olanzapina tuvo una tasa más alta de mejoría en depresión, ansiedad e impulsividad agresiva.

TERAPIAS AUXILIARES PARA EL TRASTORNO LÍMITE DE LA PERSONALIDAD Y SUS COMORBILIDADES

Las terapias auxiliares para el trastorno límite de la personalidad son muy similares a las usadas para otros trastornos mentales. De ellas, quizás es la psicoeducación la más importante y después viene el adiestramiento en habilidades sociales, académicas y laborales, las técnicas para el manejo de las emociones negativas (ejercicio físico, respiración, relajación y distintos tipos de meditación) y el programa de alcohólicos anónimos, para tratar el abuso de alcohol y drogas. En lo que sigue presentamos un resumen de la aplicación de esas terapias y algunas investigaciones sobre la eficacia de estos recursos, aunque no se refieran directamente al tratamiento del trastorno límite, con objeto de mostrar que han sido objetos de estudios con buena metodología.

APLICACIÓN DE LAS TERAPIAS AUXILIARES

Psicoeducación

La psicoeducación es una parte esencial de la técnica cognitivo–conductual. Consiste en educar a la paciente y su familia acerca del trastorno mental de que se trate, de otros trastornos, sus causas, tratamientos, curso clínico y, en general sobre diversos aspectos de salud mental que sean pertinentes. En los equipos de tratamiento del trastorno límite de la personalidad esta tarea la realiza el encargado de las terapias cognitivo –conductuales o alguno de los miembros del equipo, pero no el terapeuta psicodinámico.

Los objetivos de la psicoeducación con las pacientes

limítrofes son:
1. educar al paciente y a la familia sobre el trastorno límite de la personalidad,
2. enseñar a la paciente a observarse en la evaluación de sus pensamientos, sentimientos y conductas y su participación en la terapia psicodinámica,
3. desarrollar estrategias para la prevención de recaídas en las conductas suicidas, autolesivas y de uso de sustancias,
4. incrementar la adherencia a la psicoterapia, farmacoterapia y terapias auxiliares,
5. aprender a controlar sus síntomas con métodos cognitivo–conductuales y
6. desarrollar un plan para el manejo a largo plazo del TLP y sus comorbilidades.

Adiestramiento en habilidades sociales
Las habilidades sociales se refieren a la forma de organizar el pensamiento y la conducta para alcanzar objetivos sociales ó interpersonales culturalmente aceptables (Del Prette y Del Prette, 2002.) Los componentes de las habilidades sociales son, por ejemplo, hacer y responder preguntas, pedir cambio de comportamiento, lidiar con las críticas, contacto visual, sonrisa, gestos, autoconocimiento, autoconcepto, empatía, solución de problemas y otros. Las técnicas que usa el adiestramiento en habilidades sociales son, por ejemplo, el ensayo conductual, reforzamiento, moldeamiento, modelamiento, desensibilización sistemática, terapia racional emotiva conductual, detención del pensamiento y otras.

Alcohólicos Anónimos
La asistencia a los grupos de alcohólicos anónimos y la realización del programa de 12 pasos es uno de los

instrumentos terapéuticos más efectivos en los casos de abuso y dependencia al alcohol y las drogas, ya sea en forma ambulatoria o en clínicas de adicciones. Al recomendar este recurso es necesario hacer un plan de introducción del paciente y de su familia a esta modalidad de autoayuda guiados por un experto en adicciones. El apoyo de una persona que se haya rehabilitado de estos padecimientos con el programa de AA, que haga la introducción del paciente en estos grupos de autoayuda, es la mejor oportunidad de éxito para estos pacientes y sus familias.

Técnicas de respiración, relajación y meditación
Existen múltiples técnicas de respiración, relajación y meditación que pueden aplicarse al control de las emociones negativas del trastorno límite de la personalidad. Decidimos presentar las recomendaciones de Blaschke (2004) porque son sencillas, eficaces y pueden aprenderse con un poco de práctica, sin necesidad de una instrucción especial. En los equipos de tratamiento del TLP siempre debe haber alguien que se dedique a enseñar estas técnicas y adaptarlas a las necesidades de cada paciente. Después de haber resuelto los síntomas más graves del trastorno y si es necesario, se puede recomendar que la persona reciba un adiestramiento en alguna de las técnicas conocidas de meditación. Una de las más recomendables es la Meditación Trascendental, también por su sencillez y eficacia probada en ensayos clínicos controlados, como los que han sido citados arriba.

Respiración
Una de las técnicas de respiración consiste en tomar aire por la nariz durante un segundo (ó el tiempo que pueda la persona), retener la respiración por 4 segundos, dejar escapar el aire suavemente, sin fuerza, por la boca, en dos

segundos y quedarse 4 segundos sin tomar aire, para pasar al primer tiempo. La atención se pone en la respiración. Se realiza sentado en una silla cómoda ó en posición de loto, en una habitación silenciosa y en penumbra a primera hora de la mañana o antes de dormir.

Relajación
Al despertar por la mañana tensar el brazo derecho estirándolo y torciéndolo ligeramente al tiempo que se cierra el puño fuertemente y luego relajarlo para ver la diferencia entre tensión y relajación. Se hace lo mismo con el brazo izquierdo. Luego se estira y tensa el pie derecho y después se relaja. Se repite esto con el pie izquierdo. Después se hace lo mismo con los párpados cerrándolos fuertemente y luego relajándolos. Enseguida se hace lo propio con la mandíbula, el cuello, el abdomen y los músculos de la pelvis.

Meditación
Este tipo de meditación puede practicarse al acostarse. Empieza con la técnica de respiración durante unos minutos hasta que toma un ritmo automático. Enseguida la atención se pone en los sonidos exteriores durante 10 a 15 minutos (crujidos, ladridos, autos.) Después se hace lo mismo con los sonidos propios (respiración, latidos, ruidos en los oídos y el abdomen. Luego la atención se pone en el entrecejo, sin distraerse, por unos minutos. Al terminar se puede empezar a dormir.

INVESTIGACIONES SOBRE LAS TERAPIAS AUXILIARES PARA EL TLP

Psicoeducación

1. Pitschel –Waltz G, Bauml J, Bender W, et al (2006), en un estudio con 236 pacientes hospitalizados con diagnóstico de esquizofrenia, asignaron a la mitad a recibir psicoeducación en grupo con sus familiares durante 4 a 5 meses o al tratamiento usual. Lograron reducciones significativas de las rehospitalizaciones y mayor adherencia al tratamiento en las mediciones a los 12 y 24 meses en los pacientes que recibieron psicoeducación.

2. Colom F, Vieta E, Sanchez –Moreno J, et al. (2004) hicieron una investigación de dos años en pacientes bipolares con trastornos de la personalidad, asignando N=22 al grupo control y N=15 a un grupo que recibió psicoeducación. Todos siguieron el tratamiento farmacológico usual para estos pacientes. A los 2 años todos los pacientes (100%) del grupo control habían tenido recurrencias del trastorno bipolar y sólo el 67% del grupo que recibió psicoeducación. Este último grupo tardó más en tener recurrencias, los síntomas fueron menos graves y cuando requirieron hospitalizarse, las estancias fueron más breves que en el grupo control

3. Sanford M, Boyle M, McCleary L, et al (2006). En un estudio de dos años sobre 41 adolescentes de 13 a 18 años con depresión mayor que fueron asignadas al tratamiento usual o a tratamiento usual más psicoeducación a la familia, encontraron que los participantes que recibieron psicoeducación mostraron una gran mejoría en el funcionamiento social y en las relaciones con sus padres y estos reportaron gran satisfacción con el tratamiento.

Adiestramiento en habilidades sociales
1. Granholm E, McQuaid J, McClure F, et al (2005), realizaron una investigación con 76 pacientes ambulatorios, de edad media, que padecían esquizofrenia crónica. Fueron asignados al azar a recibir el tratamiento usual ó a tratamiento usual más adiestramiento en habilidades sociales. Este adiestramiento se impartió en 24 sesiones grupales, una vez por semana. Después del tratamiento, los pacientes que recibieron tratamiento combinado se involucraron con más frecuencia que el grupo control en actividades sociales, tuvieron mayor insight cognitivo en el reconocimiento de sus síntomas y mayor reducción de los síntomas positivos de la esquizofrenia.

2. Hogarty G, Flesher S, Ulrich R et al (2004), en un estudio a dos años sobre 121 pacientes con esquizofrenia crónica o trastorno esquizoafectivo, asignados aleatoriamente a rehabilitación cognitiva ó a psicoterapia de apoyo, encontraron que el primer grupo tuvo mejorías significativas en el desempeño social y no así el tratado con psicoterapia de apoyo.

3. Glynn SM, Marder SR, Liberman RP et al (2002), estudiaron 63 individuos con esquizofrenia, asignados aleatoriamente a 60 semanas de adiestramiento en habilidades sociales en la clínica o a esto mismo más sesiones en la comunidad. La mejoría de habilidades sociales fue mayor en el grupo que recibió adiestramiento en la comunidad.

Alcohólicos Anónimos
1. McCrady B, Epstein E y Kahler C (2004), estudiaron 90 varones con problemas de alcohol y, junto con sus parejas que no bebían alcohol, los asignaron aleatoriamente a 1 de 3 tratamientos ambulatorios:
  1) terapia conductual de pareja (TCP),
  2) TCP más prevención de recaídas ó,
  3) TCP más asistencia a grupos de alcohólicos anónimos (AA).
Las parejas fueron seguidas por 18 meses después del tratamiento. En los tres tratamientos, los pacientes mantuvieron la abstinencia en el 80% de los días. La asistencia a AA tuvo una correlación positiva con los días de abstinencia.

2. Longabaugh R, Wirtz P, Zweben A y Stout R (1998), en un estudio realizado sobre 806 sujetos con dependencia al alcohol tratados durante 12 semanas con alguno de tres tratamientos: Alcohólicos Anónimos; motivación para dejar de beber y adiestramiento conductual en habilidades de afrontamiento, y que fueron evaluados tres años después de haber terminado los tratamientos, encontraron que los mejores resultados se obtuvieron con el programa de Alcohólicos Anónimos.

Meditación
1. Aftanas L, Golosheykin S. (2005), hicieron un estudio para examinar cómo la práctica prolongada de la meditación se manifiesta en la actividad del EEG bajo condiciones donde observan un videoclip neutral o uno que despierta emociones negativas, en 25 individuos controles y 25 meditadores. Encontraron que estos últimos tenían mayores capacidades para moderar la intensidad del

alertamiento producido por las emociones negativas. Los autores consideran que esta es la primera prueba empírica de la forma como la práctica de la meditación ayuda a modular las respuestas emocionales negativas.

2. Schneider RH, Alexander CN, Staggers F, et al (2005) realizaron una investigación acerca de dos tratamientos y un programa educativo para reducir el estrés en 150 sujetos afroamericanos durante un periodo de un año. Las intervenciones incluyeron meditación trascendental, 20 minutos, dos veces al día ó relajación muscular progresiva ó educación para la salud. El grupo que practicó la meditación trascendental logró una reducción significativa de las cifras de presión arterial que se tradujo en una disminución de la cantidad de medicación antihipertensiva.

RESUMEN Y COMENTARIOS

1. El tratamiento farmacológico del TLP se hace cuando la impulsividad, la inestabilidad afectiva y la desorganización cognitivo perceptual son graves y ponen en riesgo la salud de la persona, de sus seres queridos y de la continuidad del tratamiento.

2. Las comorbilidades del TLP, como depresión mayor, trastornos de ansiedad y bulimia requieren medicación para sus síntomas específicos.

3. Los medicamentos para el TLP y sus comorbilidades principales son casi los mismos pero los tratamientos son diferentes en cuanto a dosis, combinaciones de fármacos y duración de los tratamientos.

4. La medicación para el TLP y sus comorbilidades debe hacerse en condiciones de abstinencia de uso de alcohol y drogas.

5. Es preferible que la medicación del paciente limítrofe la haga el psiquiatra del equipo y no el psicoterapeuta.

6. En la psicoterapia se debe revisar en cada sesión la adherencia al tratamiento farmacológico y a las terapias auxiliares.

7. La psicoeducación sobre el TLP, las comorbilidades, la psicoterapia, la farmacoterapia y las terapias auxiliares, es indispensable para asegurar el éxito del programa de tratamiento.

8. La duración de la farmacoterapia para el TLP, en general es de uno a dos años y se suspende cuando hayan desaparecido los estresantes psicosociales que afectaron la estabilidad de la persona ó cuando se haya logrado el aprendizaje de suficientes habilidades para enfrentarlas.

9. Siempre que sea posible se deberán ofrecer a las pacientes las terapias auxiliares que estén indicadas, además de la psicoeducación, tales como el adiestramiento en habilidades sociales, grupos de autoayuda, técnicas de relajación y meditación y rehabilitación académica y laboral.

REFERENCIAS

1. Soloff PH. Psychopharmacology of borderline personality disorder. Psychiatry *Clin North Am*; 2000. 23(1):169 –92.
2. Salzman C, Wolfson AN, Schatzberg A, et al. Effect of fluoxetine on anger in symptomatic volunteers with borderline personality disorder. J Clin Psychopharmacol. 1995. Feb;15(1):23 –9.
3. Zanarini MC, Frankenburg FR. Olanzapine treatment of female borderline personality disorder patients: a double blind, placebo –controlled study. *J Clin Psychiatry*, 2001. Nov; 62(11):849 –54.
4. Bogenschutz MP, George Nurnberg H. Olanzapine versus placebo in the treatment of borderline personality disorder. *J Clin Psychiatry*. 2004. Jan; 65(1):104 –9
5. Nickel MK, Muehlbacher M, Nickel C, et al. Aripiprazol in the treatment of patients with borderline personality disorder: a double blind, placebo –controlled study. *Am J Psychiatry*, 2006. May; 163(5):833 –8.
6. Hollander E, Swann AC, Coccaro, et al. Impact of trait impulsivity and state aggression on divalproex versus placebo response in borderline personality disorder. *Am J Psychiatry*. 2005. Mar; 162(3):621 –4.
7. Nickel MK, Nickel C, Mitterlehner FO, et al. Topiramate treatment of aggression in female borderline personality disorder patients: a double –blind, placebo – controlled study. *J Clin Psychiatry*. 2004. Nov; 65(11):1515 –9.
8. Nickel MK, Nickel C, Kaplan P, et al. Treatment of aggression with topiramate in male borderline patients: a double –blind, placebo –controlled study. *Biol. Psychiatry*. 2005. Mar 1;57(5):495 –9.

9. Loew TH, Nickel MK, Muehlbacher M, et al. Topiramate treatment for women with borderline personality disorder: a double –blind, placebo – controlled study. *J Clin Psychopharmacol*. 2006. Feb;26(1):61 –6.

10. Trittt K, Nickel C, Laman C et al. Lamotrigine treatment of aggression in female borderline patients: a randomized, double –blind, placebo –controlled study. *J Psychopharmacol*, 2005. May; 19(3):287 –91.

11. Zanarini MC, Frankenburg FR. Omega –3 fatty acid treatment of women with borderline personality disorder: a double –blind, placebo –controlled pilot study. *Am J Psychiatry*, 2003. Jan; 160(1):167 –9.

12. Zanarini MC, Frankenburg FR, Parachini EA. A preliminary, randomized trial of fluoxetine, olanzapine, and the olanzapine –fluoxetine combination in women with borderline personality disorder. *J Clin Psychiatry* 2004. Jul;65(7):903 –7

13. Soler J, Pascual JC, Camping J, et al. Double –blind, placebo –controlled study of dialectical behavior therapy plus olanzapine for borderline personality disorder. *Am J Psychiatry*. 2005. Jun;162(6):1221 –4.

14. Del Prette Z, Del Prette A. *Psicología de las habilidades sociales. Terapia y educación*. El Manual Moderno, México, 2002.

15. Blaschke J. *Meditación práctica*. Ed Grijalbo. Barcelona, 2004.

16. Pitschel –Walz G, Bauml J, Bender W, Engel RR, Wagner M, Kissling W. Psychoeducation and compliance in the treatment of schizophrenia: results of the Munich Psychosis Information Project Study. *J Clin Psychiatry*. 2006 Mar;67(3):443 –52.

17. Colom F, Vieta E, Sanchez–Moreno J, et al..

Psychoeducation in bipolar patients with comorbid personality disorders. *Bipolar Disord*. 2004. 6(4):294 –8.

18. Sanford M, Boyle M, McCleary L, et al. A pilot study of adjunctive family psychoeducation in adolescent major depression: feasibility and treatment effect. *J Am Acad Child Adolesc Psychiatry*. 2006. 45(4):386 –495.

19. Granholm E, McQuaid JR, McClure FS, Auslander LA, Perivoliotis D, Pedrelli P, Patterson T, Jester DO.. A randomized, controlled trial of cognitive behavioral social skills training for middle –aged and older outpatients with chronic schizophrenia. *Am J Psychiatry*. 2005. 162(3):520–9.

20. Hog arty GE, Flesher S, Ulrich R, et al. Cognitive enhancement therapy for schizophrenia: effects of a 2 – year randomized trial on cognition and behavior. *Arch Gen Psychiatry*. 2004.61(9):866 –76.

21. Glynn SM, Marder SR, Liberman RP et al. Supplementing clinic –based skills training with manual –based community support sessions: effects on social adjustment of patients with schizophrenia. *Am J Psychiatry*. 2002. 159(5):829 –37.

22. McCrady BS, Epstein EE, Kahler CW. Alcoholics anonymous and relapse prevention as maintenance strategies after conjoint behavioral alcohol treatment for men: 18 –month outcomes. *J Consult Clin Psychol*. 2004. 72(5):870 –8.

23. Longabaugh R, Wirtz P, Zweben A, Stout R. Network support for drinking, Alcoholics Anonymous and long – term matching effects. *Addiction*. 1998. 93(9):1313 –33.

24. Aftanas L, Golosheykin S. Impact of regular meditation practice on EEG activity at rest and during evoked negative emotions. *Int J Neurosci*. 2005. 115(6):893–909.

25. Schneider RH, Alexander CN, Staggers F, et al. A randomized controlled trial of stress reduction in African Americans treated for hypertension for over one year. Am J Hypertens. 2005. 18(1):88 –98.

TEXTOS Y PÁGINAS WEB PARA CONSULTA

1. Basch E, Bent S, Ulbricht C et al (2005). Omega 3 fatty acids, fish oil, alpha linoleic acid. MedlinePlus. A service of the US National Library of Medicine and the National Institutes of Health. www.nlm.nih.gov/medlineplus/druginfo/natural/patien t –fishoil.html
2. Benassini Oscar. Manual de Psicofarmacología para el Médico de Atención Primaria. Intersistemas Editores, México, 2003.
3. FDA. Página web de la Agencia Federal de Drogas y Alimentos de los EUA. www.fda.gov
4. Schatzberg A, Nemeroff Ch. Textbook of Psychopharmacology. American Psychiatric Publishing, Washington, 2004.
5. Stein D, Lerer B, Stahl S, Eds. Evidence –Based Psychopharmacology. Cambridge University Press, 2005, New York.
6. Stephen Stahl. Essential psychopharmacology. The prescriber's guide. Cambridge University Press, 2005, New York.
7. Uriarte Víctor. Psicofarmacología. Trillas, 2005, México.

Tabla 1
OBJETIVOS DEL TRATAMIENTO
FARMACOLÓGICO DEL TLP

---

1. Controlar la impulsividad agresiva auto y heterodirigida
2. Detener la inestabilidad afectiva y las tormentas emocionales
3. Reducir las ideas paranoides, la disociación y la desorganización cognitiva

---

Tabla 2
ALGORITMOS FARMACOLÓGICOS PARA EL TLP

IMPULSIVIDAD E INESTABILIDAD AFECTIVA
a) Empezar con fluoxetina o venlafaxina.
b) No respuesta en 3 a 5 semanas, agregar olanzapina ó risperidona.
c) No respuesta en una a dos semanas, agregar valproato ó topiramato.

IDEAS DE REFERENCIA, DISOCIACIONES O DESORGANIZACIÓN COGNITIVA
1. Empezar con olanzapina o risperidona.
2. No respuesta en 3 a 5 días, agregar valproato ó topiramato.

5. EVALUACIÓN DIAGNÓSTICA Y TRATAMIENTO DE LOS PACIENTES LIMÍTROFES

En este capítulo, a diferencia de los capítulos anteriores, donde todo lo expresado sólo se refiere al trastorno límite de la personalidad (TLP), abarcaremos todos los trastornos de la personalidad que tienen organización limítrofe, porque en las clínicas ambulatorias de trastornos de la personalidad se presentan con mucha frecuencia los trastornos de personalidad evitativo, histriónico, dependiente y narcisista, además del límite. La evaluación diagnóstica, estructuración del tratamiento y aplicación de la psicoterapia está expuesta según lo hemos venido realizando desde que empezamos a dedicarnos a la atención de esta población de pacientes alrededor de 1980 (Cuevas, 1980; López, 1982). El marco teórico con el que hemos trabajado es el de la obra de Kernberg (López, 2004), a lo que recientemente hemos incorporado las ideas de Bateman y Fonagy y algunos elementos de la terapia dialéctico conductual.

Evaluación clínica
Los pacientes limítrofes llegan a la atención clínica con grandes crisis interpersonales, estados depresivos con conducta suicida, pleitos físicos con lesiones, abuso de alcohol y drogas, bulimia, comportamientos antisociales y fallas severas en el desempeño escolar, laboral y social. Por esta razón es frecuente que la evaluación tenga que iniciarse en una sala de urgencias de un hospital general o en un hospital psiquiátrico, aunque si no hay manifestaciones graves, puede hacerse en forma ambulatoria. El examen clínico de un paciente limítrofe debe incluir tanto el trastorno de la personalidad como a sus comorbilidades, en especial al abuso de alcohol y drogas y la depresión mayor, porque la presencia y el manejo apropiado de estos trastornos son determinantes para poder abordar a los pacientes limítrofes. En general, el examen clínico requiere al menos de 4 a 8

horas, que habitualmente se reparten en varias sesiones durante 3 a 5 días.

La evaluación básica se hace con la entrevista psiquiátrica tradicional y la entrevista estructural de Kernberg (Kernberg, 1984), además del examen físico, pruebas psicológicas e instrumentos clinimétricos (Tabla 1). Al hacer la entrevista psiquiátrica es recomendable aplicar la Entrevista Clínica Estructurada para los Trastornos del Eje I y II del DSM IV (SCID I y II) (First M, Spitzer R et al, 1999, First M, Gibbon M et al, 1999), dada la complejidad de las manifestaciones de los trastornos limítrofes y de sus comorbilidades.

Entrevista psiquiátrica y entrevista estructural (Anexo 3)
El primer objetivo de la entrevista psiquiátrica es establecer y mantener la relación terapéutica sin descuidar la seguridad de la paciente y del equipo de evaluación. En ella se exploran los síntomas, signos, rasgos de personalidad, padecimientos físicos, estrés psicosocial y funcionamiento global y se realiza el examen mental y la historia del desarrollo, para formular el diagnóstico descriptivo, psicoestructural y psicodinámico. El diagnóstico descriptivo se debe hacer siguiendo el DSM IV TR (APA, 2000) y en ambientes institucionales y médico legales es obligatorio en México el uso de la CIE 10 (OMS,1992), porque es la Norma Oficial de la Secretaría de Salud. El diagnóstico psicoestructural se refiere a definir si el paciente tiene una organización normal, neurótica, limítrofe ó psicótica de la personalidad, anotando las características peculiares que tiene en cada paciente. El diagnóstico psicodinámico es el relato resumido del nivel de comprensión de sí misma, de sus personas significativas y de la interacción con el terapeuta que logró alcanzar la paciente al terminar la evaluación (Tabla 1).

En la práctica, un clínico experimentado dedica alrededor de 90 minutos a explorar en detalle el motivo de consulta, empezando por los datos de identificación y condiciones actuales de vida, para luego pasar al interrogatorio de la psicopatología. Se les pide una descripción de los síntomas, dificultades interpersonales, su comprensión de esas manifestaciones y cómo creen que serán abordados en la evaluación y el tratamiento (Primera pregunta de la entrevista estructural.) Al recoger estos datos se va haciendo en forma conjunta el examen del estado mental de la paciente. La exploración del motivo de consulta se hace en forma retrospectiva, a partir del momento de la entrevista y no de manera prospectiva desde el inicio del padecimiento actual, ya que en los trastornos de personalidad, por definición, el padecimiento actual es de varios años de evolución. Una vez conocidas las características del trastorno que presenta la paciente, en general se requiere otra entrevista de una duración similar para explorar las comorbilidades, la historia del desarrollo y el tipo de personalidad, que habitualmente se hace al día siguiente.

Para explorar los rasgos de personalidad, mecanismos de defensa y prueba de realidad, se formulan el resto de las preguntas de la entrevista estructural, donde se pide que describan cómo ellas mismas y los demás han visto su conducta a lo largo de la vida; cómo se describen a sí mismas y a sus seres queridos actuales, en un corte transversal (autoimagen e imagen del otro); si existieron fallas detectables de la prueba de realidad durante la entrevista, cómo las entienden; y cada uno de los mecanismos de defensa observados en la exploración.

Examen físico

En el examen físico, la determinación de la talla y el peso es indispensable cuando se sospecha comorbilidad con un trastorno de la conducta alimentaria. En los signos vitales se puede encontrar taquicardia en caso de una intoxicación por cocaína y otros estimulantes. La inspección de la piel incluye la búsqueda de autolesiones como cortaduras y quemaduras, datos de uso intravenoso de drogas, perforaciones y tatuajes. En las manos o pies se pueden encontrar fracturas mal consolidadas por golpear objetos o personas. En las adicciones graves o intentos suicidas con hepatotóxicos puede haber ictericia por falla hepática. En mujeres con promiscuidad sexual y sexo inseguro ó víctimas de violación, es obligatorio el examen ginecológico y la prueba de embarazo, con fines médicos y legales.

Exámenes de laboratorio y gabinete

Los exámenes de laboratorio abarcan la biometría hemática, pruebas hepáticas y tiroideas para investigar los daños a estos sistemas por la automedicación y por el uso de alcohol y drogas y también como línea basal para documentar si hay cambios con la medicación que vaya a utilizarse. El nivel de alcohol, psicofármacos y venenos en sangre se usan para demostrar las sustancias y la severidad de la ingesta. Se hacen pruebas del VIH y sífilis si hay promiscuidad sexual. En orina se hace perfil toxicológico (marihuana, cocaína, anfetaminas, opioides, barbitúricos y benzodiacepinas) y prueba de embarazo.

El electroencefalograma se indica para saber si la paciente tiene alteraciones de la actividad eléctrica cerebral que puedan correlacionarse con sus síntomas o bien para detectar trastornos neurológicos como la epilepsia, trastornos mentales orgánicos por intoxicaciones o adicciones a sustancias, secuelas de traumatismos craneales sufridos en accidentes recientes y otros.

Pruebas psicológicas
Las pruebas psicológicas de inteligencia, personalidad y orientación vocacional se hacen:
  a) para determinar la capacidad intelectual, ya que este es un elemento esencial en el pronóstico, por ejemplo en trastornos antisociales ó cuando se encuentra una inteligencia inferior al término medio que limita a la paciente en su desempeño general y responsabilidades,
  b) para profundizar en la comprensión de los rasgos patológicos de la personalidad y,
  c) para explorar el grado de desorientación vocacional y laboral que pueda ser producto de la alteración de la identidad del trastorno límite. Además, cuando el TLP se trata con psicoterapia de apoyo, las historias el TAT pueden revisarse en las sesiones para estimular la motivación de la paciente.

Clinimetría
Para documentar la severidad de la psicopatología y el curso de la misma al paso del tiempo, con o sin tratamiento, pueden usarse la Escala de Evaluación de la Actividad Global del DSM IV TR, la Escala de 90 Síntomas Psiquiátricos (SCL 90), la Escala de Beck para depresión y la Escala de Hamilton para ansiedad, además de las escalas o inventarios que sean necesarios según las comorbilidades existentes (Tabla 2).

Diagnósticos

El proceso y las conclusiones diagnósticas se comparten con el paciente, sus familiares y la persona o agencia que hace la referencia, cuidando las recomendaciones éticas que regulan estos procedimientos. Al final de la evaluación se deben integrar los siguientes diagnósticos:

1. Diagnóstico multiaxial del DSM IV TR:
   Eje I: Síndromes psiquiátricos
   Eje II: Trastornos de personalidad y trastornos del desarrollo
   Eje III: Trastornos físicos
   Eje IV: Estresantes psicosociales
   Eje V: Evaluación de la Actividad Global en el último mes y el último año

2. Diagnóstico psicoestructural y psicodinámico de la organización de la personalidad:
a) Normal, b) Neurótica, c) Limítrofe ó d) Psicótica, con las características encontradas en la paciente.

3. Condiciones de vida, académicas, laborales y situación legal:
a) Donde y con quien vive, b) Cómo se sostiene económicamente, c) Asiste a la escuela y qué problemas tiene allí, c) Trabaja y qué problemas enfrenta, d) Dificultades legales y situación legal actual. Esto en relación, por ejemplo, con uso y posesión de drogas, lesiones, deudas económicas, procesos para determinar la guarda y custodia de los hijos, acusaciones de maltrato a los hijos y otras.

4. Sistema de seguridad social público o privado
a) IMSS, b) ISSSTE, c) SS, d) Seguro de gastos médicos, e) Otros

5. Factores a favor o en contra de la recuperación
a) A favor: buen apoyo familiar y social, inteligencia promedio o alta, apropiado nivel educativo, con empleo, valores morales profundos y estables, motivación para el cambio, mentalidad psicológica, capacidad de sublimación, ausencia o mínima ganancia secundaria (Tabla 3).

b) En contra: deterioro grave por enfermedades mentales y físicas, ausencia o mal apoyo familiar y social, baja inteligencia y bajo nivel educativo, desempleo, conducta antisocial, ausencia de motivación para el cambio, poca mentalidad psicológica, sin capacidad de sublimación, estilo de vida de explotación de la familia y de los sistemas sociales de ayuda (Tabla 4).

INFORMACIÓN SOBRE LOS TRATAMIENTOS DISPONIBLES

Esta información de preferencia debe estar basada en evidencias y en la experiencia y pericia clínica del equipo de tratamiento. Al hacerlo, se exponen las recomendaciones y se explica cuál puede ser el curso del padecimiento sin y con tratamiento.

Se deben mencionar y explicar todas las opciones de tratamiento para los padecimientos encontrados, tales como hospitalización en un hospital general, en un hospital psiquiátrico, psicoterapia focalizada en la transferencia, psicoterapia de apoyo, psicoterapia cognitivo–conductual, farmacoterapia, y se explica el método, los costos, la duración y los resultados.

Con la medicación se discute el tipo, dosis, horario, eficacia, efectos colaterales y adversos y al final los efectos benéficos. Lo mismo debe hacerse con la hospitalización y la psicoterapia. Se aclaran las expectativas falsas y se advierte que el plan puede cambiar a medida que se conozca más a fondo el padecimiento ó que aparezcan nuevos recursos terapéuticos. Si el paciente acepta las recomendaciones, se le pregunta si desearía ser tratado por el entrevistador o si prefiere ser referido a otro profesional.

Plan de tratamiento usual

El mejor tratamiento siempre debe incluir psicoterapia, al menos durante 6 meses a un año; casi siempre algún tipo de medicación para el trastorno límite y sus comorbilidades; asistir a grupos de AA; tratamiento de trastornos de la conducta alimentaria y terapia cognitivo conductual para trastornos de ansiedad; rehabilitación académica y otras ayudas.

La psicoterapia en general es con dos sesiones individuales a la semana, en el caso de la psicoterapia focalizada en la transferencia y una sesión individual y una de grupo a la semana, al menos, en caso de la psicoterapia basada en la mentalización y la terapia dialéctico conductual. El control de la medicación se hace en una sesión por semana en el primer mes y luego cada mes, mientras se esté usando. La asistencia a los grupos de AA debe ser a diario hasta completar 90 sesiones.

Para hacer el seguimiento de los síntomas es conveniente pedirle a la paciente y a su familiar más cercano que registren en un diario clínico los síntomas, su severidad y las sesiones de las distintas terapias. Junto con esto también se le pide a la paciente y a los terapeutas o evaluadores, que anoten las estimaciones de las escalas de medición.

Con objeto de ayudar a la paciente y al equipo a cumplir con estos planes terapéuticos intensivos es de gran apoyo el diseñar un contrato terapéutico como se describe enseguida.

Contrato terapéutico

En el pasado, una de las causas de los fracasos era la falla para establecer un contrato terapéutico explícito, claro, realista y bien negociado entre la paciente, los familiares, las agencias que hacen la referencia (Ej. Autoridades escolares, departamentos laborales, agencias legales y otras) y el equipo de tratamiento.

En el contrato se deben establecer las responsabilidades de la paciente, las del terapeuta y el equipo y las amenazas al tratamiento derivadas de la psicopatología específica de la paciente y la manera como eso ha hecho fracasar otros intentos de ayuda. La respuesta de la paciente y las preguntas que haga durante toda la entrevista y en especial acerca del contrato, sirven para estimar el nivel de aceptación y la colaboración futura en su tratamiento.

Aspectos universales del contrato
Responsabilidades de la paciente:
a) asistir y participar en las sesiones;
b) pagar la cuota acordada;
c) esforzarse en reportar pensamientos y sentimientos sin censurarlos.

Responsabilidades del terapeuta:
a) asistir a las sesiones;
b) ayudar al paciente a entender sus síntomas y dificultades y;
c) aclarar los límites de su participación en el tratamiento (Tabla 5).

Aspectos individualizados del contrato
La impulsividad de las pacientes limítrofes es una constante amenaza a la realización del tratamiento. Los aspectos individualizados del contrato se refieren a los procedimientos para prevenir que la conducta de la paciente afecte la salud de esta y obstaculice la marcha de la terapia.

Amenazas específicas al tratamiento:
a) conducta suicida y autolesiva;
b) impulsos o acciones homicidas y amenazas al terapeuta;
c) mentir u ocultar información;
d) faltar a las sesiones;
e) abuso de sustancias;
f) asistir a sesiones intoxicada;

g) trastorno de la conducta alimentaria no controlado;
h) llamadas telefónicas excesivas u otras intrusiones en la vida del terapeuta;
i) no pagar la cuota o arreglárselas para no poder pagar;
j) ver a más de un equipo de terapeutas en forma simultánea;
k) perder el tiempo en las sesiones;
l) crear problemas fuera de la sesión para obstruir la terapia;
m) estilo de vida crónicamente pasivo sin abandono de la ganancia secundaria (Tabla 6).

Ejemplo de contrato de tratamiento
Evaluación y contrato típico con una estudiante universitaria mujer de 20 años, que vive con sus padres. En la entrevista telefónica se hizo un diagnóstico de trastorno límite de la personalidad con abuso de alcohol y marihuana, intentos suicidas con sobredosis moderadas de benzodiacepinas y cortes en la piel cada vez que terminaba con el novio, atracones de comida seguidos de vómitos y faltas frecuentes a la universidad, con riesgo de perder el semestre.

Después de recabar esa información se le dijo a ella y a sus padres que la evaluación podría hacerse en el consultorio, si la paciente aceptaba:

1) no usar alcohol ni marihuana, ni hacer nuevos intentos suicidas ni cortes en la piel; en caso de no poder cumplir con eso, se recomendaba hospitalización psiquiátrica,

2) tratar de detener los atracones y los vómitos y si no podía, que los registrara en un diario clínico,

3) hacer el esfuerzo para ir a la universidad y que fuera haciendo una estimación de sus faltas y rezagos en clases, trabajo y exámenes,
4) no esforzarse para recuperar la relación con su novio,
5) ella y los padres dejarían de luchar alrededor de los problemas señalados y,
6) reiniciaría cuanto antes la asistencia a la universidad.

El grado de aceptación de estas indicaciones fue el mínimo necesario para iniciar la evaluación.

Se aplicó el SCID I y se hicieron los siguientes diagnósticos:
1) abuso de alcohol y marihuana,
2) trastorno depresivo menor asociado al abuso de sustancias,
3) y trastorno por atracón.

Se indicaron biometría hemática, glucosa en sangre, perfil tiroideo, perfil hepático, electroencefalograma y pruebas psicológicas. Para el trastorno depresivo, el trastorno por atracón, los intentos suicidas y los cortes en la piel, se prescribieron 75 mg de venlafaxina al día. Para el abuso de alcohol y marihuana se recomendó iniciar una consejería en adicciones y asistir a Alcohólicos Anónimos. Para el trastorno por atracón se indicó también asistir a un programa de trastornos de la conducta alimentaria.

Al día siguiente se aplicó el SCID II, donde se encontraron un trastorno límite de la personalidad y rasgos de los trastornos de personalidad por dependencia, evitativo y pasivo agresivo. Para esto se indicó empezar con psicoterapia psicodinámica individual de dos sesiones a la semana y se advirtió que, según la evolución, se podrían hacer recomendaciones de terapia cognitivo conductual de los rasgos patológicos de personalidad que no respondieran al tratamiento combinado de venlafaxina y psicoterapia. En los exámenes de laboratorio sólo se encontró marihuana en la orina y el EEG no tuvo alteraciones.

El contrato de tratamiento que se presentó incluyó el llevar un diario clínico con anotaciones de la paciente y de sus padres sobre la evolución de los síntomas y el cumplimiento del tratamiento, que incluiría:

1) abstinencia absoluta de la ingestión de alcohol, marihuana y drogas,
2) tomar la venlafaxina como fue indicada y anotar y reportar sus efectos desagradables y benéficos,
3) para los impulsos de tomar sobredosis con fines suicidas y hacerse cortes en la piel, beber alcohol, usar drogas, faltar a clases o hacer esfuerzos frenéticos para recuperar la relación con el novio, debería hacer su mejor esfuerzo para detener el impulso, observar sus pensamientos y sentimientos, detectar los eventos adversos de la vida y en especial tratar de recordar las palabras del terapeuta al establecer el contrato.

En caso de poder detener el impulso, en la siguiente sesión debería relatar todo el incidente para analizarlo. En caso de que vuelva a tomar una sobredosis o se haga otro corte en la piel, deberá ir ó ser llevada a la sala de urgencias de un hospital para ser atendida; si recayó en el abuso de alcohol y drogas en forma grave, asistir a una sala de urgencias para ser desintoxicada. En estos dos casos, el psiquiatra que la haya examinado ó el psiquiatra del equipo (no el psicoterapeuta), determinará si procede la hospitalización psiquiátrica. En caso de que así sea, al salir del hospital se evaluará de nuevo la posibilidad de reiniciar la terapia.

Si puede controlar la impulsividad y asiste a las sesiones, al empezar debe reportar si esta tomando la medicación acordada y si ha asistido a las demás terapias indicadas y el resultado que han tenido. Si la paciente está empezando a organizar la asistencia a su programa de terapias, se pasa a discutir los conflictos con el novio, la madre, amigas, profesores y los que se hayan encontrado en la evaluación.

El contrato que se presenta se discute ampliamente con la paciente y se explora el grado de acuerdo mediante la aclaración, confrontación e interpretación de los mecanismos de escisión, negación, identificación proyectiva, devaluación, idealización y otros. Si el terapeuta se convence que hay un mínimo de aceptación, se puede iniciar la terapia. En cada caso se acuerda con la paciente y su familia el tipo y número de transgresiones al contrato que hacen impracticable la terapia y qué se hará en ese caso.

Es necesario que el evaluador y el equipo estén preparados para la eventualidad de que la paciente y la familia decidan no iniciar el tratamiento ni cumplir con todos los requerimientos. En ese caso se darán indicaciones para el seguimiento de las medidas que sí acepten, como sería la medicación y los grupos de autoayuda, y se ofrece orientarlos en la mejor manera de ir completando el plan de tratamiento. A veces, es sorprendente observar que la paciente y la familia inician un proceso de recuperación sostenido que se ha explicado porque continúan aplicando las medidas generales que se hicieron para que se pudiera realizar la evaluación.

REFERENCIAS

1. López D. *El modelo secuencial onírico como guía y evaluación de las fases progresivas de un análisis.* Tesis de graduación de psicoanalista. Instituto de Psicoanálisis. Asociación Psicoanalítica Mexicana. 1982
2. López D. *Psicoterapia Focalizada en la Transferencia para pacientes Limítrofes.* Ed Edamex, México, 2004.
3. Kernberg O. Trastornos Graves de la Personalidad. El Manual Moderno. México, 1984.
4. First M, Spitzer R, Gibbon M, Williams J. *Entrevista Clínica Estructurada para los Trastornos del Eje I del DSM IV,* SCID I. Ed Masson, Barcelona. 1999.
5. First M, Gibbon M, Spitzer R, et al. *Entrevista Clínica Estructurada para los Trastornos de la Personalidad del Eje II del DSM IV.* SCID II. Ed Masson, Barcelona, 1999.
6. Asociación Psiquiátrica Americana: *Manual Diagnóstico y Estadístico de los Trastornos Mentales,* Texto Revisado, 4ª Edición. Editorial Masson, Barcelona. 2000
7. Organización Mundial De La Salud. *Clasificación Internacional de Enfermedades.* 10ª Ed. 1992
8. Cuevas P (1978). La Caracterología del Síndrome Borderline. Consideraciones sobre un caso. Tesis. Instituto de Psicoanálisis. APM

Tabla 1
EVALUACIÓN BÁSICA DEL TLP

---

1. Entrevista psiquiátrica (SCID I y II)
2. Entrevista Estructural de Kernberg
3. Pruebas psicológicas (Machover, Bender, WAIS, TAT)
4. Exámenes de laboratorio orientados por la clínica (Ej. Perfil toxicológico en orina y en sangre; VIH, VDRL, Prueba de embarazo).
5. Electroencefalograma

OBJETIVOS DE LA ENTREVISTA
1. Establecer y mantener la alianza terapéutica
2. Hacerse cargo de la seguridad de la paciente.
3. Explorar los síntomas, signos, rasgos de personalidad, examen mental, padecimientos físicos, estrés psicosocial, funcionamiento global, antecedentes e historia del desarrollo de la personalidad.
4. Formular los diagnósticos descriptivo, psicoestructural y psicodinámico.

Tabla 2
CLINIMETRÍA

1. Escala de Evaluación de la Actividad Global del DSM IV TR.
2. Escala de 90 Síntomas Psiquiátricos (SCL 90 R).
3. Escala de Beck para depresión.
4. Escala de Hamilton para ansiedad.

Tabla 3
FACTORES DE BUEN PRONÓSTICO

1. Apoyo familiar y social.
2. Buena inteligencia y nivel educativo, con empleo
3. Valores morales profundos y estables.
4. Motivación para el cambio, mentalidad psicológica y capacidad de sublimación.
5. Ausencia o mínima ganancia secundaria.

Tabla 4
FACTORES DE MAL PRONÓSTICO

1. Deterioro por enfermedades mentales y físicas.
2. Ausencia de apoyo familiar y social.
3. Baja inteligencia y nivel educativo, desempleo.
4. Conducta antisocial, sin motivación para cambiar.
5. Sin mentalidad psicológica ni capacidad de sublimación.
6. Explotación de la familia y de los sistemas sociales de ayuda.

Tabla 5
ASPECTOS UNIVERSALES DEL CONTRATO

Responsabilidades del paciente

1. Asistir y participar en las sesiones;
2. Pagar la cuota acordada;
3. Esforzarse en reportar pensamientos y sentimientos sin censurarlos.

Responsabilidades del terapeuta:
1. Asistir a las sesiones;
2. Ayudar al paciente a entender sus síntomas y dificultades y;
3. Aclarar los límites de su participación en el tratamiento.

Tabla 6
AMENAZAS ESPECÍFICAS AL TRATAMIENTO

1. Conducta suicida y autolesiva;
2. Impulsos o acciones homicidas y amenazas al terapeuta;
3. Mentir u ocultar información;
4. Faltar a las sesiones;
5. Abuso de sustancias;
6. Asistir a sesiones intoxicada;
7. Trastorno de la conducta alimentaria no controlado;
8. Llamadas telefónicas excesivas u otras intrusiones en la vida del terapeuta;
9. No pagar la cuota o arreglárselas para no poder pagar;
10. Ver a más de un equipo de terapeutas en forma simultánea;
11. Perder el tiempo en las sesiones;
12. Crear problemas fuera de la sesión para obstruir la terapia;
13. Estilo de vida crónicamente pasivo sin abandono de la ganancia secundaria.

6. ANEXOS

SCID I Y SCID II

Introducción

La Entrevista Clínica Estructurada para los Trastornos del Eje I y el Eje II del DSM IV (SCID I y II) es una entrevista semiestructurada para hacer los diagnósticos más importantes del Eje I y todos los diagnósticos del Eje II del DSM IV. Estas entrevistas se desarrollaron para mejorar la fiabilidad diagnóstica mediante la estandarización del proceso de evaluación facilitando la aplicación de los criterios diagnósticos del DSM IV y la indagación sistemática de síntomas que de otra forma podrían pasar desapercibidos. En pocas palabras, estas entrevistas contienen las preguntas específicas para interrogar al paciente sobre la presencia plena o subumbral ó bien determinar la ausencia de los criterios diagnósticos del DSM IV.

En algunos estudios se ha visto que una enfermera psiquiátrica que usa el SCID, puede hacer diagnósticos más precisos que un psiquiatra que emplea la entrevista psiquiátrica tradicional, y que cuando los psiquiatras fueron informados de esos diagnósticos, modificaron sus tratamientos en un 50% de los casos.

El SCID I cubre sólo los diagnósticos de 6 grupos de síndromes psiquiátricos: Episodios afectivos, síntomas psicóticos, Trastornos psicóticos, trastornos del estado de ánimo, trastornos relacionados con sustancias y ansiedad y otros trastornos. El SCID II evalúa 12 trastornos de la personalidad (Evitación, dependencia, obsesivo –compulsivo, pasivo–agresivo, depresivo, paranoide, esquizotípico, esquizoide, histriónico, narcisista, límite y antisocial).

El SCID se aplica a mayores de 18 años, aunque con ciertas modificaciones puede emplearse con adolescentes. Es recomendable que la persona tenga un educación equivalente a la e un adolescente de 12 a 13 años. Los pacientes con deterioro cognitivo grave, agitación ó síntomas psicóticos graves, no pueden responder la entrevista del SCID.

Tanto el SCID I como el II tienen una Guía del Usuario, un Cuaderno de Aplicación y un Cuaderno de Puntuaciones. La aplicación del SCID empieza con una Visión General que incluye preguntas sobre datos demográficos y preguntas abiertas sobre la enfermedad actual y los episodios psicopatológicos previos. Esta Visión General se encuentra al principio del Cuaderno de Puntuaciones. Más adelante reproducimos los ítems que cubre la Visión General y la Revisión de los trastornos de la personalidad.

Para capacitarse en la aplicación del SCID se requiere leer cuidadosamente la Guía del Usuario, los Cuadernos de Aplicación y Puntuaciones, luego practicar las preguntas con colegas y después con pacientes, de preferencia con un observador para corregir la formulación de las preguntas y discutir las calificaciones.

El SCID ha sido estudiado en cuanto a su fiabilidad y validez, encontrándose valores Kappa de 0.70 a 1.00 (Segal et al, 1994)

ESQUEMA DE ENTREVISTA QUE INCLUYE LA VISIÓN GENERAL DEL SCID I Y II, CON AGREGADOS DEL EXAMEN MENTAL Y LA HISTORIA DEL DESARROLLO

Fecha_____
Aplicador_____

DATOS DEMOGRÁFICOS
Nombre completo _____
_____

Dirección _____
_____

Teléfono _____
_____

Correo electrónico _____
_____

Referido por: (anotar nombre y teléfono)_____
_____

Fecha de nacimiento: Día_____   Mes_____   Año
¿Está casado? _____
Nombre del esposo(a) _____

SI CONTESTA NEGATIVAMENTE:
¿Lo ha estado alguna vez? _____
_____

¿Cuándo y en qué periodo? _____
_____

Estado Civil (Circule la respuesta):
1. Casado o viviendo con alguien como si estuviera casado
2. Viudo

3. Divorciado o matrimonio anulado
4. Separado
5. Soltero
¿Tiene hijos? _____

SI CONTESTA AFIRMATIVAMENTE:
¿Cuántos? _____
Anote sus nombres, edades y año escolar que cursan
_____
¿Dónde vive?_____
¿Con quién vive?_____
Anote parentesco, nombres y edades _____

HISTORIA ACADÉMICA
¿Hasta cuándo fue al colegio? _____
Anote el nombre de la(s) escuela(s) a las que ha asistido:
_____
_____

SI NO HA PODIDO ACABAR UN CURSO EN QUE SE
HABÍA MATRICULADO:
¿Por qué no lo terminó?
_____

Anote los estudios que ha realizado y dónde:
1. Enseñanza primaria
2. Enseñanza secundaria
3. Preparatoria o equivalente
4. Estudios universitarios incompletos
5. Estudios universitarios completos
6. Posgrado
¿Qué tipo de trabajo realiza? _____
¿Está trabajando actualmente? _____
¿Dónde? _____

SI CONTESTA AFIRMATIVAMENTE:
¿Cuánto tiempo ha trabajado allí?_____

SI MENOS DE 6 MESES:
¿Por qué dejó su último trabajo? _____

SI CONTESTA QUE NO TRABAJA:
¿A qué es debido?_____
¿Qué tipo de trabajo ha realizado antes? _____
¿Cómo se mantiene económicamente ahora?_____

SI CONTESTA AFIRMATIVAMENTE:
¿Cuándo? _____
¿Por qué?_____

ESTADO DEL TRATAMIENTO ACTUAL (¿Qué tratamientos recibe actualmente?)

_____

Ámbito de tratamiento: (marque uno con un círculo)
1. Actualmente internado
2. Actualmente ambulatorio
3. Otros (p. Ej., programa de Alcohólicos Anónimos)
4. No existe tratamiento actual

SI SE HALLA INTERNADO:
¿Cuándo ingresó en el hospital? _____

SI ES AMBULATORIO:
¿Cuándo empezó a acudir a (la clínica / la consulta privada / el programa)?
Fecha: _____

MOTIVO DE CONSULTA Y DESCRIPCIÓN DEL PROBLEMA

¿Qué le ha hecho venir aquí (esta vez)?
(¿Cuál es el problema principal que le causa dificultades?)

INICIO DE LA ENFERMEDAD O LA EXACERBACIÓN ACTUAL

¿Cuándo empezó?) ¿(Cuándo se dio cuenta por primera vez de que algo iba mal?)

¿Cuándo se sintió bien (como de costumbre) por última vez?

NUEVOS SÍNTOMAS O RECURRENCIA

¿Es algo nuevo o la repetición de algo que ya había experimentado anteriormente?

(¿Qué es lo que le ha hecho pedir ayuda ahora?)

CONTEXTO AMBIENTAL Y POSIBLES PRECIPITANTES

¿Ocurrió o cambió algo justo antes de que todo esto empezara?

(¿Cree que esto tiene que ver con lo que anotó en [MOTIVO DE CONSULTA]?)

(¿Qué otro tipo de problemas tenía cuando esto empezó?)

_____

CURSO DE LA ENFERMEDAD O DE LA EXACERBACIÓN ACTUAL
Después de que esto empezara, ¿qué ocurrió luego?
(¿Empezaron a molestarle otras cosas?)

_____

Desde que esto empezó, ¿cuándo se ha sentido peor?

_____

SI HACE MÁS DE UN AÑO:
En el último año, ¿cuándo se sintió peor?

_____

HISTORIA DE TRATAMIENTOS PREVIOS (CONTESTE USANDO EL REGISTRO DE ANTECEDENTES MÉDICOS)
¿Cuándo fue la primera vez que consultó por problemas emocionales o psiquiátricos?
(¿Por qué fue? ¿Qué tratamientos recibió? ¿Qué medicamentos?)
¿Recibió tratamientos para adicciones a drogas o alcohol?
¿Alguna vez ha tenido que ingresar en un centro psiquiátrico?
¿Alguna vez ha tenido que ingresar en un hospital para recibir tratamiento por algún problema médico?

REGISTRO DE ANTECEDENTES PSIQUIÁTRICOS Y MÉDICOS PERSONALES

Edad (o fecha) Descripción (síntomas, acontecimientos desencadenantes) Tratamiento

REGISTRO DE ANTECEDENTES PSIQUIÁTRICOS Y MÉDICOS FAMILIARES

OTROS PROBLEMAS ACTUALES

¿Ha tenido cualquier otro problema durante el último mes?

_____

¿Cuál ha sido su estado de ánimo? _____

¿Cómo se ha encontrado físicamente? _____

(¿Ha tenido algún problema médico?) _____
¿Está tomando algún tipo de medicamentos o vitaminas?
SI CONTESTA AFIRMATIVAMENTE:
¿En qué cantidad y con qué frecuencia los toma?
¿Ha habido algún cambio en la cantidad que ha estado tomando?

_____

¿Cuánto alcohol ha estado bebiendo durante el último mes?

_____

¿Ha estado consumiendo alguna droga durante el último mes? ¿Ha usado marihuana, cocaína u otras drogas?

_____

¿Cuánto dinero gasta a la semana para comprar alcohol, drogas ilegales o tranquilizantes recetados?

_____

FUNCIONAMIENTO SOCIAL ACTUAL
¿En qué ha empleado su tiempo libre?

_____

¿Con quién ha empleado su tiempo libre?

_____

AHORA CONTESTE SOBRE EL TIPO DE PERSONA QUE ES UD. (ES DECIR, CÓMO SE SIENTE O SE COMPORTA EN GENERAL).

¿Cómo se describiría usted como persona antes DE LA ENFERMEDAD ACTUAL?

_____

¿Cómo cree que los demás lo describirían como persona ANTES DE LA ENFERMEDAD ACTUAL?

_____

¿Quiénes han sido las personas importantes de su vida ?

_____

¿Cuántos amigos cercanos ha tenido a lo largo de su vida?

_____

¿Cómo le ha ido con ellos?

_____

¿Cree que la manera en que Ud. suele reaccionar ante la cosas o comportarse con la gente le ha causado problemas con alguien? (¿En casa, en los estudios, en el trabajo?) (¿En qué sentido?)

_____

¿Qué tipo de cosas ha hecho Ud. que otras personas pueden haber encontrado molestas o fastidiosas?

_____

¿Cómo emplea su tiempo libre?

_____

Si pudiera cambiar de alguna manera su personalidad. ¿en qué le querría ser diferente?

HISTORIA FAMILIAR Y DEL DESARROLLO PERSONAL
Familiograma

Período perinatal

Primera infancia (0 a 3 años)

Infancia media (3 años a la pubertad)

Pubertad y adolescencia

Historia adulta

EXAMEN MENTAL
Descripción general (Aspecto físico, conducta motora, habla, actitud)

Emociones (Estado de ánimo, expresión afectiva, adecuación)

Alteraciones perceptivas (Alucinaciones, ilusiones, despersonalización, desrealización)

Proceso del pensamiento (Curso, contenido, pensamiento abstracto, escolarización e inteligencia, concentración)

Orientación

Memoria

Control de impulsos

Capacidad de juicio

Introspección

DIAGNÓSTICOS

EJE I _____

EJE II _____

EJE III _____

EJE IV _____

EJEV _____

FORMULACIÓN PSICODINÁMICA (De acuerdo a las psicologías pulsional, del yo, de las relaciones objetales y del Self).

_____

Elabore en tres cuartillas una autobiografía con los aspectos más relevantes para su padecimiento y dificultades actuales.

ENTREVISTA ESTRUCTURAL DE KERNBERG

Esta entrevista fue diseñada por Kernberg para alcanzar los siguientes objetivos:
a) realizar el diagnóstico de las estructuras neuróticas, limítrofes y psicóticas de la personalidad;
b) hacer el diagnóstico diferencial entre ellas;
c) establecer el pronóstico, la motivación y la capacidad del paciente para colaborar en la psicoterapia y
d) evaluar los riesgos de *Acting Out* y descompensación psicótica durante el tratamiento.

El procedimiento para realizarla consiste en ciclos de exploración de:
a) los síntomas y dificultades interpersonales que motivan la consulta;
b) los síntomas y rasgos patológicos de las estructuras neuróticas;
c) la difusión de identidad de los trastornos limítrofes;
d) la prueba de realidad y los síntomas psicóticos de los trastornos bipolares, esquizofrénicos y paranoides;
e) los síntomas sensoriales y cognitivos de los trastornos mentales orgánicos agudos y crónicos.

El método que se usa es el interrogatorio, la observación de las verbalizaciones y conducta no verbal del paciente y la contratransferencia del terapeuta, como guía para la aclaración, confrontación e interpretación tentativa (en el aquí y el ahora) de esas manifestaciones durante la entrevista.

La entrevista puede realizarse después de obtener la historia psiquiátrica tradicional o como primera entrevista de diagnóstico, cuando se sabe con antelación que se trata de evaluar un trastorno de la personalidad. Lo más común es que se haga después de haber tomado la historia psiquiátrica o de que el entrevistador haya obtenido información a través del propio pacientes, los familiares o el que hace la referencia, por lo que uno de los marcos generales de la entrevista es la exploración de lo que el entrevistador ya sabe del paciente antes de entrevistarlo, con lo que se va a ir descubriendo durante la entrevista. En general la entrevista puede hacerse en un período de 60 a 90 minutos o con entrevistas realizadas durante varios días, de preferencia en dos o tres días consecutivos.

Fase inicial
Se le dice a la persona la duración aproximada que tendrá la entrevista y, en especial cuando el sujeto ya ha sido sometido a otras entrevistas de diagnóstico, se le aclara que ésta será diferente a las anteriores. Por un lado se le explica que se trata de que conteste las preguntas a partir de sus experiencias en los últimos días o semanas, sin intentar hacer un relato de los últimos meses o años en que ha sufrido su padecimiento (la evolución se recoge en la historia clínica tradicional); y, por otro lado, no debe limitarse a contestar con respuestas breves, sino que debe intentar explicar ampliamente sus contestaciones con todo lo que pueda ser accesible de los contenidos de su mente.

Primera pregunta (es una serie de cuatro preguntas que se presentan juntas para explorar síntomas, dificultades interpersonales, nivel de *insight*, expectativas y colaboración con el tratamiento; y estado del sensorio y la cognición).

"Quiero que me diga cuáles son los síntomas y las dificultades interpersonales que le hicieron pedir esta consulta; cómo los entiende y qué cree que una terapia puede hacer para resolverlos".

En la respuesta se observa: Cómo percibió y cómo respondió el paciente las preguntas. Con esto se explora si existen trastornos mentales orgánicos agudos o crónicos y una primera apreciación de la capacidad intelectual; si existen delirios o alucinaciones y el estado de la prueba de realidad, como manifestaciones de una alteración psicótica; si hay datos de difusión de identidad como para pensar en un trastorno limítrofe; si aparecen rasgos neuróticos de carácter y; si están bien descritos los síntomas y dificultades interpersonales que motivaron la consulta.

En los pacientes que tienen manifestaciones evidentes de psicopatología orgánica o psicótica, de inmediato se cambia el tipo de entrevista a un formato de entrevista psiquiátrica tradicional. Cuando la respuesta es concreta, vaga, confusa o evasiva, pero sin indicios claros de que sean manifestaciones de un trastorno mental orgánico, se explora con cuidado la discrepancia entre las preguntas y las respuestas.

Si es necesario se pregunta si esa es toda la respuesta y si entendió las preguntas o si le parecen abrumadoras. Si es así, se refrasean las preguntas y si se repiten las mismas respuestas, se inicia la exploración de esa dificultad, con la idea de comprobar primero la integridad de la prueba de realidad para luego volver a revisar los síntomas y dificultades que motivaron la consulta. Esto permite empezar a diferenciar entre una confusión por ansiedad intensa como manifestación de un trastorno grave de la personalidad, una interpretación psicótica de la entrevista, negativismo, alteración del sensorio o graves déficits de memoria o inteligencia.

Si el paciente es capaz de entender y responder en forma clara a las cuatro preguntas iniciales y da un cuadro coherente de los síntomas y dificultades que motivaron la consulta, se puede pasar a interrogar otros aspectos de los síntomas: la fecha de inicio, su evolución y los síntomas asociados.

Cuando se ha obtenido toda la información relacionada con los síntomas y dificultades, se puede pasar a explorar los rasgos patológicos de personalidad con la siguiente pregunta:

Segunda pregunta (para explorar rasgos patológicos de personalidad).

"Ya me ha dicho sus síntomas y dificultades, ahora me gustaría saber más de usted. como persona. ¿Podría describirme su personalidad; todo lo que piense que sea importante que yo sepa, de modo que pueda yo tener una imagen real de usted, como persona?"

Si el paciente puede dar esta información en forma espontánea, es señal de que su prueba de realidad está conservada. Para los pacientes psicóticos es casi imposible responder una pregunta tan abierta. Si un paciente no puede responder por factores culturales o por ansiedad intensa, se le puede pedir que describa a sus seres queridos, sus actividades en los estudios, en el trabajo, su vida familiar, su vida sexual, sus relaciones sociales y su tiempo libre. Esto es lo que responde espontáneamente un paciente con organización neurótica de la personalidad. Si aún así no puede responder, se debe sospechar un trastorno grave de la personalidad y es necesario explorar la difusión de identidad y la prueba de realidad.

En este momento el entrevistador señala al paciente que parece tener dificultades para responder y pregunta si estas se deben a las circunstancias de la entrevista, a temores de ser entrevistado o a temores hacia el entrevistador o a ser diagnosticado (rasgos paranoides) o si siempre ha tenido dificultades para saber quién es él mismo en realidad. Antes de explorar la difusión de identidad se examina la prueba de realidad. Ya se dijo que si al empezar la entrevista se detecta que algo en el afecto, la conducta o el pensamiento es claramente inapropiado, se pregunta directamente si existen alucinaciones o delirios. Pero si no han aparecido señales en este sentido, el entrevistador debe centrarse en lo que le parezca más inapropiado o extraño en el afecto, el pensamiento o la conducta.

La respuesta de los pacientes limítrofes a esa exploración es la activación de las defensas primitivas, lo que produce una distorsión de la interacción paciente–entrevistador. Clínicamente esto se percibe como estrés o tensión y falta de libertad para interactuar con el paciente. Si el paciente es capaz de empatizar con las observaciones del entrevistador es que su prueba de realidad está conservada. Si no puede hacerlo, es muy probable que la prueba de realidad esté dañada y que se trate de un trastorno psicótico. En este caso, la entrevista debe transformarse en una entrevista psiquiátrica usual.

Si se comprueba que la prueba de realidad está indemne, se pasa a la fase media de la entrevista estructural.

Fase media
Organización neurótica de la personalidad
Los pacientes con este tipo de personalidad para este momento de la entrevista ya han presentado un resumen pertinente del motivo de consulta y de sus problemas principales, de cómo las entienden y de sus expectativas del tratamiento.
La fase media en ellos se dedica a la exploración profunda de los rasgos patológicos de personalidad.

Tercera pregunta (para explorar la integridad de la representación del Sí Mismo).
Todo lo que se haya observado antes sobre esto debe explorarse ahora por medio de la siguiente pregunta.

"Me gustaría saber ahora más de usted como persona, la forma en que se percibe a sí mismo, la manera en que siente que los demás lo perciben, lo que usted piense que podría ayudarme a tener una imagen profunda de usted, dentro de este tiempo limitado con que contamos".

Si la respuesta contiene descripciones del sí mismo que el entrevistador no puede encajar en la imagen que ha estado construyéndose del paciente, debe explorar las discrepancias para determinar si el paciente tiene un concepto central de sí mismo integrado o si existen varios conceptos sobre sí mismo, como manifestación de difusión de identidad. Siempre existen áreas periféricas del concepto de sí mismo que el paciente siente como ajenas o egodistónicas y que son fuente de conflicto intrapsíquico o interpersonal. Esto no es una manifestación de difusión de identidad sino de conflictos neuróticos.

Cuarta pregunta (para explorar la integridad de la representación del Objeto).

"Ahora quiero pedirle que me diga algo sobre las personas que son más importantes en su vida. ¿podría decirme algo de ellas de modo que, en el tiempo limitado que tenemos, pudiera yo formarme una clara impresión de cómo son?".

De nuevo se exploran las discrepancias en las descripciones que haga el paciente. Durante la exploración el entrevistador debe observar los efectos que se producen en la interacción del paciente y él mismo. En los pacientes con organización neurótica no se producen distorsiones en la interacción, porque la activación de las defensas de alto nivel casi no producen efectos interpersonales (sólo intrapsíquicos) y únicamente se observan e infieren en las verbalizaciones del paciente. Por el contrario, las defensas primitivas de la organización limítrofe sólo pueden identificarse por sus efectos interpersonales y no en el contenido de las verbalizaciones.

Cuando no se encuentran indicios de difusión de identidad o de defensas primitivas, se pueden explorar los síntomas, las áreas conflictivas y las inhibiciones emocionales hasta los límites de la percepción consciente y preconsciente del paciente; es decir, hasta los límites de sus barreras represivas y se pueden hacer fácilmente hipótesis dinámicas sobre todo ello. Esto es rápidamente comprobado por los datos sobre el pasado que ofrece espontáneamente el paciente, aunque este no puede ver las relaciones porque las conexiones están reprimidas. En ese proceso, el paciente relata espontáneamente su historia personal y familiar y con esto se puede pasar a la fase final de la entrevista.

Organización limítrofe de la personalidad

Estos pacientes muestran su difusión de identidad (característica diferencial con la organización neurótica de la personalidad) y sus defensas primitivas desde la fase inicial de la entrevista. La única excepción son los pacientes narcisistas que, al tener un concepto integrado de sí mismo (aunque patológicamente grandioso), no muestran su difusión de identidad sino hasta la fase media, cuando se hace evidente la superficialidad e incapacidad para describir a profundidad a sus seres queridos, y se activa su grandiosidad y actitud devaluatoria hacia el entrevistador. A veces, estas características no aparecen en la interacción con el entrevistador sino en las descripciones de los demás. El resto de los pacientes responden a la primera serie de cuatro preguntas con una avalancha de información caótica e irracional sobre ellos mismos, sobre sus expectativas irreales del tratamiento y sobre el entrevistador y su interacción con él.

En esa respuesta, como ya se dijo, se buscan indicios de trastornos mentales orgánicos y de trastorno psicóticos; y de ser así, la entrevista debe convertirse en una entrevista psiquiátrica. Si sólo se encuentran datos de difusión de identidad y el entrevistador no detecta en sí mismo la operatividad de las defensas primitivas en la interacción, se procede a formular y explorar todas las preguntas y respuestas. Si el entrevistador detecta en sí mismo la influencia de las defensas primitivas, está obligado a examinar de inmediato la prueba de realidad. Para explorar la distorsión de la interacción y de nuevo examinar la integridad de la prueba de realidad, la pregunta clave es la siguiente:

Quinta pregunta (para explorar la operatividad de las defensas primitivas en la distorsión de la interacción y caracterizar la o las relaciones objetales parciales activadas en la entrevista).

"Lo que usted me ha dicho sobre su vida me hace pensar en algo que he observado aquí, en esta sesión, y esto último me recuerda las dificultades que usted mencionó como motivo de consulta. ¿Pudiera ser que (tal y tal conducta) fueran un reflejo, en su relación conmigo, de lo que usted ha dicho que le causa problema con otras personas?".

La respuesta a esta pregunta activará aún más la distorsión y facilitará la exploración. Cuando hay difusión de identidad, es difícil o imposible obtener un panorama comprensivo de la vida actual del paciente. La historia personal que refieren, en su mayor parte, es una expansión retrospectiva de las distorsiones de su vida actual, lo que hace que las hipótesis psicogenéticas basadas en esas descripciones sean altamente cuestionables. En estos pacientes y en especial cuando tienen una estructura narcisista, es muy importante evaluar la conducta antisocial y la calidad de las relaciones objetales, porque esto determina la indicación del tipo de psicoterapia y el pronóstico con o sin tratamiento.

Organización psicótica de la personalidad
Estos pacientes (con trastornos esquizofrénicos, del estado de ánimo y paranoides) también pueden mostrar su falla en la prueba de realidad desde su primera respuesta y con ello se establece la característica diferencial con los trastornos limítrofes. Cuando la primera respuesta es de

mutismo, primero se indaga si el paciente ha escuchado y entendido la pregunta. Si el paciente fue capaz de entrar caminando al consultorio y es obvio que se da cuenta y está alerta a su entorno inmediato, lo más probable es que el mutismo no sea un síntoma de un trastorno mental orgánico.

Sexta pregunta (para explorar el sensorio).

"¿Le hice unas preguntas y usted no ha respondido, pudo escuchar y entender lo que yo pregunté?".

Si no responde, se le pide que indique con señas si escuchó o entendió y si está de acuerdo o en desacuerdo con lo que se le pregunte. Si no contesta, es probable que el mutismo sea parte del negativismo de una esquizofrenia catatónica o bien del retardo psicomotor de un trastorno depresivo severo. En el paciente con esquizofrenia, la exploración del mutismo puede despertar conductas oposicionistas, flexibilidad cérea o estereotipias, lo cual empieza a aclarar el diagnóstico. En otros casos, sólo la información obtenida de otras fuentes puede corroborar el diagnóstico. El paciente con trastorno mental orgánico que conserva cierto grado de alerta sobre su entorno, puede contestar las preguntas del examen mental tradicional y esto fácilmente conduce al diagnóstico.

Si se comprueba que el sensorio está intacto, se explora si la falta de respuesta (o la respuesta confusa) es debida a pérdida de la memoria o falta de inteligencia por medio de las preguntas del examen mental. Cuando se está seguro que no hay alteraciones del sensorio, la memoria y la inteligencia, se procede a explorar las respuestas, y si siguen siendo inapropiadas, confusas y desconcertantes, el entrevistador debe compartir con tacto sus observaciones con el paciente y ver su reacción inmediata. Esto puede hacerse con la siguiente pregunta:

<u>Séptima pregunta</u> (para explorar la prueba de realidad).

"Cuando le pregunté el motivo para venir a consulta usted me contestó (tal y tal cosa; Ej. que yo debería saberlo porque los psiquiatras podemos leer la mente de los demás). Esa respuesta me parece inapropiada y extraña, porque en realidad los psiquiatras no podemos leer la mente de las personas. Esta es la razón de que necesitemos hacer preguntas y obtener respuestas de nuestros pacientes."

Si el paciente no comparte las observaciones del terapeuta y se concluye que la prueba de realidad está perdida, se considera el diagnóstico de un trastorno psicótico. El entrevistador puede entonces cambiar a un enfoque diferente, no confrontador, que le permita explorar y empatizar al máximo con las ideas delirantes, las alucinaciones, los afectos inapropiados y las conductas alteradas. Esto tiene la finalidad de hacer un diagnóstico descriptivo y diferencial, un diagnóstico psicodinámico de los síntomas, un pronóstico y una recomendación de tratamiento.

En pacientes donde se sospecha que padecen un trastorno psicótico y que están tratando de parecer "razonables y normales" se puede preguntar: "Me ha dicho usted que a veces se siente Dios pero que, por supuesto, usted se da cuenta de que en realidad no lo es. ¿Podría ser que, muy en el fondo usted está convencido que es Dios, pero teme que esta convicción se interprete como "loca" por mí y los demás?".

Si sigue la sospecha se puede avanzar a una interpretación como la siguiente: "Noto que usted ha estado hablando conmigo en una forma muy cautelosa y con miedo, como si temiera un peligro relacionado conmigo. También que ha estado frunciendo el ceño con alguna de mis preguntas (por ejemplo...). ¿Pudiera ser que teme que yo podría pensar mal de usted o atacarle en alguna forma, porque tiene miedo de algunas tendencias similares en usted mismo, tales como sentirse crítico o enojado hacia mí?". Esto puede provocar o una mejoría dramática de la desorganización del paciente o una regresión masiva con la producción de más síntomas psicóticos. Otras veces la respuesta es incierta, sobre todo cuando queremos diferenciar entre una personalidad paranoide y una psicosis paranoide. En estos casos se requieren una serie de entrevistas y el tomar información de terceras personas.

Trastornos mentales orgánicos

Como ya se mencionó, cuando el paciente está al parecer en estado de alerta y no responde a la primera pregunta o responde en forma inapropiada, es necesario evaluar el sensorio, la memoria y la inteligencia. El sensorio se explora mediante el examen de la atención espontánea e inducida, su orientación, grado de alerta, comprensión y juicio y esto puede conducir a un diagnóstico de confusión característico de un trastorno mental orgánico agudo, aunque este debe diferenciarse de la confusión del trastorno esquizofreniforme. En pacientes cuyas dificultades para responder la primera pregunta orienta a la exploración de la memoria y la inteligencia, se puede preguntar:

Octava pregunta (para explorar el sensorio, la memoria y la inteligencia)

"Tengo la impresión, por su reacción, que está usted luchando con problemas de concentración, de memoria o de organización de sus pensamientos. ¿Puedo hacerle algunas preguntas para aclarar si, en verdad, tiene usted alguna dificultad con esto?".

Esto puede conducir a un examen sistemático de la memoria y la inteligencia. Si el paciente no se da cuenta o no le preocupan sus fallas del sensorio, la memoria y la inteligencia, se hace una exploración cuidadosa que pueda confirmar el diagnóstico lo que haría que la entrevista se convirtiera en una entrevista psiquiátrica.

Fase de terminación
Al terminar la exploración de los aspectos orgánicos, el entrevistador le dice al paciente que su tarea ha terminado y lo invita a que agregue la información que desee. La respuesta vuelve a explorarse y se decide si con los datos obtenidos se puede ya dar una opinión y una recomendación de tratamiento; si se requieren más entrevistas o un tiempo de reflexión sobre los hallazgos o si es necesario tomar información de otras fuentes. Este proceso de decisión debe compartirse con el paciente.

La terminación permite evaluar la motivación del paciente para seguir el proceso diagnóstico o la recomendación de tratamiento y para medir su capacidad para manejar, por ejemplo, sus impulsos suicidas y para seguir las indicaciones inmediatas del entrevistador. Este es un momento apropiado para examinar las expectativas mágicas sobre el proceso diagnóstico y el tratamiento.

INDICE

www.ingramcontent.com/pod-product-compliance
Lightning Source LLC
Chambersburg PA
CBHW072218270326
41930CB00010B/1903